KB273738

마흔을 위한 이기적인 용기

마흔을 위한 이기적인 용기

마흔을 위한 이기적인 용기

결핍을 성장으로 바꾸는 나만의 자기경영

초 판 1쇄 2026년 02월 04일

지은이 신다미
펴낸이 류종렬

펴낸곳 미다스북스
본부장 임종익
편집장 이다경, 김가영
디자인 임인영, 윤가희, 윤영빈
책임진행 안채원, 이예나, 김은진, 국소리, 송가희. 이지영

등록 2001년 3월 21일 제2001-000040호
주소 서울시 마포구 양화로 133 서교타워 711호, 808호
전화 02) 322-7802~3
팩스 02) 6007-1845
블로그 http://blog.naver.com/midasbooks
전자주소 midasbooks@hanmail.net
페이스북 https://www.facebook.com/midasbooks425
인스타그램 https://www.instagram.com/midasbooks

ISBN 979-11-7355-705-7 03190

값 18,500원

미다스북스는 다음세대에게 필요한 지혜와 교양을 생각합니다.

마흔을 위한 이기적인 용기

신다미 지음

결핍을 성장으로 바꾸는
나만의 자기경영

게으름이라 여겼던 마음에

나는 '섬'이라 이름 붙였다.

아무것도 하지 않은 날도 버려진 시간은 아니었다.

그날 이후,

나는 아이를 혼자 두지 않기로 했다.

도망치지 않는 쪽을, 머무는 쪽을 선택했다.

더 빨리 가는 길 대신

나에게 맞는 속도를 택했을 때

비로소 숨이 돌아왔다.

나는, 내가 가장 그리웠다.

그리고 묻게 되었다.

나는 누구를 가장 그리워하고 있었을까.

나였다.

나는, 내가 가장 그리웠다.

마흔,
이기적이 되기로 했다

해고 통보를 받은 날, 창가에 섰다. 초겨울 바람이 유난히 차가웠다.

'아무도 나를 좋아하지 않아.'

그 생각이 스치자 세상을 등지고 싶어졌다. 내가 쓸모없다는 사실이 갑자기 또렷해졌다. 유일하게 내 편이라 믿었던 엄마의 얼굴이 떠올랐다. 그 곁으로 가고 싶었다.

그때 아이들 얼굴이 겹쳐졌다. 이대로 사라진다면, 아이들은 나를 그리워하면서도 어딘가에서는 오래 원망하게 될 것 같았다. 아이들을 위해서라도 살고 싶었다. 아니, 살아내야 했다. 아이들도 언젠가 어두운 터널을 지나게 될 것이다. 그때 나와 같은 선택을 할지도 모른다는 생각에 가슴이 철렁 내려앉았다.

창문에서 내려왔다. 손발이 떨렸다. 욕실로 들어가서 뜨거운 물을 틀고, 거울 앞에 섰다. 모든 걸 내려놓은 얼굴이 거기 있었다. 눈동자는 텅 비어 있었고, 생기는 보이지 않았다. 한참을 그렇게 바라봤다. 그동안 나는 어떻게 살아왔을까.

어깨는 늘 굽어 있었다. 마치 부족함을 들키지 않으려는 사람처럼. 해주고 싶은 마음은 많았지만, 해줄 수 없다는 사실이 나를 조급하게 만들었다. 부족함은 감춰야 할 결함이라고 믿었다.
'더 잘해야 해. 더 채워야 해.'
가족을 위해, 회사를 위해, 그리고 남들을 위해 살았다. 그럴수록 나는 점점 투명해졌다. 남을 위한다는 마음은 어느새 나를 지우는 방식이 되어 있었다.

그래서 이기적이 되기로 했다. 아이들이 어떤 미래를 살았으면 하는지 떠올리자, 내가 어떻게 살아야 할지가 보였다. 어떤 상황에서도 스스로를 지키는 사람. 내가 먼저 그런 사람이 되어야 했다. 더 이상 남을 위해 나를 지우지 않기로 했다.

타인의 시선보다 내 마음을 먼저 듣기로 했다. 어떻게 해야 할지 막막하던 때, 유튜브에서 '묵언'이라는 단어를 들었다. 말을 멈추기로 했다.

아침 식탁에서 튀어나오던 "빨리"를 삼키고, 새벽마다 노트를 펼쳤다. 그러자 감정이 보이기 시작했다.

짜증은 외로움이었고, 화는 두려움이었고, 불안은 사랑이었다. 침묵은 비움이 아니라 채움이 되었다.

그제야 알았다. 내가 초라해진 이유는 결핍 때문이 아니었다. 부족함은 하고자 하는 마음이었다. 좋은 엄마가 되고 싶은 마음, 가족을 편안하게 해주고 싶은 바람, 배우고 성장하고 싶은 열망. 그 마음을 가질 자격이 없다고 스스로에게 말해왔을 뿐이다.

"나는 부족해."
이 말의 진짜 뜻은 "나는 더 나아지고 싶어."였다. 부족함은 사라져야 할 것이 아니라, 살아 있다는 증거였다.

묵언 이후, 작은 변화들이 쌓였다. 사람도, 대화도 달라졌다. 나는 누군가에게 기대고 싶어 하는 사람이 아니라 나란히 서고 싶어 하는 사람이라는 것도 알게 되었다. 약함도 문제가 아니었다. 약한 마음을 들여다보며 상처를 마주했고, 그 마음을 내가 먼저 안아주었다.

멈춤은 끝이 아니었다. 다시 출발하기 위한 대기였다. 멈춤 속에서 내면의 뿌리가 자리를 잡자 바람이 불어도 쉽게 뽑히지 않았다. 내 목소리를 듣고 나서야 비로소 다른 사람의 마음도 보이기 시작했다.

이 책은 그 여정의 기록이다. 혹시 지금 부족함 때문에 괴롭다면, 타인을 위해 나를 지우고 살고 있다면 이기적이 되어도 괜찮다.
부족함은 살아 있다는 증거다.
그것이 내가 발견한 선물이다.

지금 나에게 건네는
일곱 가지 마음

책을 읽기 전과 후, 두 번 적어보세요.

정답은 없습니다. 답이 달라졌다면 그만큼 내가 움직였다는 뜻입니다.

[멈춤] 내가 어떻게 멈추고 쉬는지 관찰해봅니다.

1. 요즘, 나도 모르게 멈춰 있었던 순간은 언제였을까요?

(예: 아무것도 하기 싫을 때, 이유 없이 지쳤던 날)

나:

____

____

2. 그때 나는 어떤 방식으로 나를 쉬게 해주고 있었나요?

(예: 걷기, 낮잠 자기, 혼자 있기, 아무 말 안 하기)

나:

____

____

[관찰] 나의 패턴을 있는 그대로 바라봅니다.

3. 나를 가장 무겁게 만드는 건 무엇일까요?

(예: 남의 시선, 완벽해야 한다는 생각, 미뤄둔 감정)

나:

____

____

____

4. 그럼에도 나를 다시 숨 쉬게 해준 건 무엇이었을까요?

(예: 햇빛, 음악, 친구의 따뜻한 말, 조용한 시간)

나:

____

____

____

[재해석] 단점을 새로운 시선으로 바라봅니다.

5. 내가 약점이라 여겼던 모습은 어떤 방식으로 여기까지 나를 데려왔을까요?

(예: 게으름 → 쉬고 싶은 마음, 느림 → 신중함)

나:

____

____

____

6. 지금의 나에게 꼭 지키고 싶은 리듬이 있다면 무엇일까요?

(예: 5분 산책, 충분한 수면, 멍때리기)

나:

____

____

7. 지금의 나에게 꼭 한마디를 건넬 수 있다면, 어떤 말을 해주고 싶을까요?

(예: "완벽하지 않아도 괜찮아.")

나:

____

____

이 질문들은 억지로 루틴을 만드는 게 아니라 일상 안에서 자연스러운 리듬을 찾는 것입니다. 자신을 바라보는 것만으로도 흐름이 보입니다.

무위이무불위(無爲而無不爲), 애쓰지 않아도 결국 이루어집니다.

1부

마흔,
침묵이
가르쳐준
것들

해고는 끝이 아니라, 멈춤을 허락받은 순간이었다.

말을 멈추자 질문이 시작되었고, 질문은 나를 만나게 했다.

침묵 속에서 나는 처음으로 나와 마주했다.

01

모든 것이
무너진 봄날

봄이라 착각한 겨울

내 삶은 언제나 겨울이었다. 어린 시절부터 늘 무언가 부족했고, 결혼
후에도 달라지지 않았다. 가난에서 벗어날 수 있다는 희망보다 참고 견
디는 법을 먼저 배웠다. 단풍이 물들고 낙엽이 떨어지는 때였다. 계절은
겨울로 가고 있었지만, 내 마음은 봄을 믿고 있었다.

마흔쯤에 얻은 직장은 이곳저곳을 전전하던 나에게 처음으로 안정을
준 곳이었다. 입사 후 한 달 만에 대리점이 직영점으로 바뀌면서 본사
계약직이 되었다. 순식간에 월급이 껑충 뛰었다. 하지만 들어오기 무섭
게 빠져나갔다. 미래는 여전히 불안했고, 웃으려 애쓸수록 마음은 비어
갔다. 그래도 현재에 집중하려 애쓰며 일했다.

3년 차에 정규직 기회가 찾아왔다. 봄부터 가을까지 긴 평가가 이어졌다. 낯선 용어가 섞인 제품 성분을 외우는 일은 쉽지 않았다. 이해하기 어려운 단어들이 늘어선 종이를 보다 꾸벅꾸벅 졸기도 했다. 지필 평가를 마치고 업무 평가가 이어졌다. 업무만큼은 자신 있었다. 혼자서도 영업점을 이끌 수 있었으니까.

퇴근을 준비하는 저녁, 낯선 번호로 전화가 울렸다.
"안타깝게도 해고되었습니다."
본사 인사 담당자였다. 이유를 물었지만 돌아오는 답은 없었다. 전화를 끊고 회사 문을 나서자 찬 공기가 얼굴을 스쳤고, 눈이 시렸다.

집으로 돌아와 외출 준비를 하던 남편에게 해고됐다고 말했다. 속상하겠다는 말, 괜찮냐는 물음을 기다렸지만 그는 잠시 침묵하더니 말했다.
"그냥 살어."
그 말이 얼음장처럼 차가웠다. 문을 열고 나가다 말고, 내 어깨를 한 번 툭 치고 그대로 나갔다.

창문을 열자 찬바람이 온몸을 훑었다. 창틀에 걸터앉아 먼 산을 바라보다 텅 빈 내 안을 보았다. 엄마가 보고 싶었다. '엄마 저 좀 데려가 주세요.' 하늘을 보며 기도했지만 떨어지기에 4층은 너무 낮았다. 삶을 끝낼 방법을 고민하다가, 나 역시 엄마라는 사실이 번쩍 스쳤다. 그 순간 세상이 나를 붙잡았다.

주말에는 습관처럼 자전거를 타고 수리산에 갔다. 남편과 함께였다. 아이들이 마음 편히 쉴 수 있도록 일부러 집을 비웠다. 머리를 비우기 위해 거세게 달리다 언덕길 중간에 박힌 돌 앞에서 멈췄다. 이 돌을 넘어야 문제를 이겨낼 힘이 생길 거라 믿으며 페달을 밟았지만, 결국 넘지 못했다.

언덕 위에서 내려다보는 풍경이 답답한 가슴을 풀어주었다. 만약 자전거를 타고 넘어갔다면 그냥 지나쳤을 풍경이다. 잠시 멈춘 덕분에 확 트인 자연이 가슴에 들어왔다. 좁아진 마음이 조금만 더 넓어지길 바라며 호흡을 길게 삼켰다 뱉었다.

내리막에서는 바람을 가르며 달렸다. 날고 있었다. 그 순간만큼은 해고도, 남편도, 아이도 사라졌다. 오직 바람과 나만 있었다.

질문이 시작된 순간

집으로 돌아오는 길, 문득 이런 생각이 스쳤다. 나는 그동안 무엇을 위해 애쓰고 살았을까. 가족과의 관계는 조각나 있었다. 남편은 다정했지만 말투는 거칠었고, 세심함은 숨을 조였다. 방문을 쾅 닫는 아이들을 어떻게 다독여야 할지도 몰랐다. 아무것도 달라지지 않았는데 봄이 올 거라 믿고 있었다.

나아갈 수도 멈출 수도 없는 상태였다. 사업자가 있어서 실업급여도 받을 수 없었다. 내 삶의 봄은 언제 올까, 오기는 할까, 무엇을 해야 할까, 어디서부터 시작해야 할까. 질문만 줄을 이었다. 죽음의 문턱에서 내려온 뒤라서였을까, 답을 찾으려 애쓰지 않았다. 그저 질문을 놓지 않았다.

나는 누구인가.
무엇이 나를 이렇게 만들었는가.
진짜 원하는 건 무엇인가.

질문은 무거웠다. 그 무게 속에서 무언가 움직이기 시작했다. 정규직이 되면 행복할 거라 믿었고, 돈이 생기면 문제가 해결될 거라 생각했다. 하지만 진짜 문제는 관계였다. 그중에서도 나 자신이었다. 나는 내가 누구인지 몰랐고, 무엇을 원하는지도 알지 못했다. 남들이 정한 기준대로 나를 재단하며 살아왔다.

그러다 깨달았다. 해고는 끝이 아니라 시작이었다. 무너진 자리에서 비로소 나를 향한 질문이 시작되었고, 질문만으로도 무언가가 다시 움직이고 있었다. 잃어버린 나를 찾는 여정은 그렇게 시작되었다.

02

100일간의
침묵

#멈춤

그동안 하고 싶은 말은 삼켰고, 해야 하는 말만 했다. 그런데 이상했다. 누군가의 기분에 맞추는 말을 할수록 관계는 멀어졌다.

"내가 뭘 잘못했는데!"

참다 참다 터져 나온 고함에 목이 갈라졌다. 성대결절이라며 말을 줄이라는 의사의 경고에도 멈출 수 없었다. 말로 설명해야 했고, 말로 설득해야 했고, 말로 관계를 붙잡아야 한다고 믿었다.

"본인의 강점을 서술하시오."

깜빡이는 커서를 보면서 마음도 함께 흔들렸다. 나에 대해서 어떻게 써야 할지 모른다는 사실이 처음으로 창피해졌다. 나는 나를 잘 알지도 못하면서, 누군가가 알아주기를 바라고 있었다. 구인 사이트를 열었다. 신입과 경력 사이에서 또 한 번 멈췄다. 신입이라 하기엔 나이가 많고, 경력이라 하기엔 내세울 게 없었다.

말이 통하지 않으면 관계는 멀어진다. 그런데 나는 나와도 통하지 않고 있었다. 나를 알 수 없으니 나 자신을 좋아하지 않는 것도 당연했다.

건강, 관계, 돈. 셋 중 가장 중요한 건 돈이라고 믿었다. 돈만 있으면 건강도, 관계도 지킬 수 있을 거라 생각했다. 하지만 진짜 중요한 건 보이지 않는 틈에 있었다. 관계는 끈으로 이어져 있고, 그 끈이 끊어지면 마음은 흔들린다. 처음으로 나와 연결되어야 한다는 생각이 들었다.

관계 회복을 위한 공부를 시작했다. 유튜브는 가짜 정보가 많다고 해서 외면해왔지만, 그날은 비밀 상자를 여는 기분으로 앱을 열었다. '강의'를 검색하자 화면이 쏟아졌다. 그 안에 애타게 찾던 전문가들의 말들이 있었다.

무엇을 좋아하는지도 몰라 닥치는 대로 들었다. 그러다 서서히 귀에 들어오는 강의가 생겼다. 철학과 심리였다. 그리고 한 단어가 가슴에 닿았다.

묵언.

말을 멈춘다는 건 낯설었다. 대화로 문제를 풀고, 마음을 나눈다고 믿어왔기 때문이다. 이해되지 않았지만, 그 단어는 이상하게 머릿속을 떠나지 않았다.

침묵이라는 선택

말을 줄였다. 아이들 방문을 노크하려다 멈췄고, 전화를 들었다가도 내려놓았다. 꼭 필요한 말만 하기 위해 스스로에게 물었다. '이 말은 정말 필요한가.'

하지 않아도 되는 말이 생각보다 많았다. 아이들이 늦잠 잘까 봐 혼자 조급해질수록 마음은 더 어지러워졌다. 사랑이라고 믿었던 말들은 잔소리였다. 잔소리를 줄이기 위해 시선을 나에게로 돌렸다.

어느 날 직영점이 대리점으로 전환된다는 소문이 돌았다. 예비 점장들이 교육을 받으러 왔고, 그중 한 사람이 여기도 대리점이 될 거라며 다시 일할 수 있으니 걱정하지 말라고 했다. 작은 희망이 생겼다.

그리고 얼마 뒤 새로운 점장이 왔다.

"저를 도와주세요."

영업 경험이 없다며 손을 내밀었다. 그 말을 듣는 순간 묘한 감정이 일었다. 누군가 나를 필요로 한다는 사실에 자존심이 고개를 들었다. 내려놓아야 한다고 생각했던 마음이 다시 꿈틀댔다.

내 안에서 줄다리기가 시작되었다. 뒤늦게 입시 미술을 시작한 아이를 생각하면 돈을 벌어야 했다. 선택의 여지는 없어 보였다. 그리고 진짜 속마음은 떠나고 싶지 않았다. 그 공간 곳곳에 내 시간이 묻어 있었다. 강제로 밀려나지 않기로 했다. 자발적으로 떠나겠다고 마음먹고, 익숙한 자리에서 나를 먼저 키우기로 했다.

코로나가 시작됐다. 세상이 멈춘 듯한 공백 속에서 나를 향한 문이 열렸다. 멈춤은 포기가 아니라 재정비였다.
100일.
그 침묵이 나를 살리는 마지막 선택이었다.

03

말을 멈추자,
내가 보이기 시작했다

#자기인식

말을 멈추니 달라진 세상

매일 아침 거울 앞에 서서 묵언을 다짐했다. 말을 참는다는 건 전혀 다른 세상으로 들어가는 일이었다. 익숙한 말버릇을 삼켜야 했고, 반사적으로 튀어나오는 말들을 목구멍에서 붙잡아야 했다. 그때부터 내 안의 세계는 작은 균열이 생기기 시작했다.

급히 움직이던 몸도 멈췄다. 걸어서 출근하며 학교 담벼락과 흐린 하늘, 나무를 보았다. 걸음은 점점 느려졌다. 자전거를 탈 때는 스쳐 지나가던 풍경들이 새로웠다. 돌 틈 사이 비집고 나온 잡초가 귀여워 보였고, 구름은 만나고 헤어지며 흘렀다. 몇백 미터의 출근길이 어느새 십 분을 훌쩍 넘겼다.

변화는 한순간에 오지 않았다. 여전히 불쑥 화가 치밀었다. 퇴근 후 싱크대에 쌓인 그릇을 보는 순간 짜증이 올라왔다. 기름때 낀 프라이팬, 굳은 밥풀, 기름이 둥둥 뜬 물을 보자 먹었으면 치워야지라는 말이 목구멍까지 차올랐다. 겨우 삼키고 팔을 걷어붙였다.

설거지하는 동안에도 속은 시끄러웠다. '내가 가정부냐!'는 소리가 들렸다가, 잠시 후 '그래도 챙겨 먹어 다행이다.'라는 또 다른 목소리가 이어졌다. 그 모든 소리가 내 안에서 나온다는 사실이 신기했다. 마음속에서 이런 대화가 오가는 줄 몰랐다. 설거지를 마치자 마음이 한결 가벼워졌다. 소리를 지르지 않았다는 이유만으로도.

어느 날은 저녁을 차려놓고 혼자 수저를 들었다. 딸이 나와서 무슨 일 있냐고 물었고, 말 대신 미소로 답했다. 그날은 온기가 더 많이 전해졌다.

회사에서도 점심을 같이 먹자는 동료에게 혼자 먹겠다고 했다. 요즘 왜 그러냐는 물음이 돌아왔지만, 가볍게 웃으며 자리를 떴다. 말이 길어지면 참았던 말들이 쏟아질 것 같았다. 그래서 더 조심스러웠다.

백 일 동안 만난 친구

멈춤의 시간 동안 가장 소중한 사람 한 사람을 만났다. 바로 나였다. 아무 생각 없이 먼 산을 바라보며 앉아 있던 순간, 손이 움직이기 시작했다. 참았던 말들이 봇물 터지듯 종이에 쏟아졌다. 남편에 대한 서운함, 아이들에게 미안한 마음, 나 자신에 대한 자책, 시댁과의 갈등. 그것들을 종이 위에 쏟아내고 나니 조금씩 보이기 시작했다.

왜 화가 났는지, 왜 서운했는지, 왜 불안했는지. 감정 뒤에는 모두 이유가 있었고, 그 대부분은 상대가 아니라 내 안의 두려움에서 비롯된 것이었다. 그 두려움과 움츠러듦은 사실 나를 지키려는 본능이었다. 종이 위에 흘러나온 말들은 마음의 거울이 되었다. 나는 그 거울 속에서 처음으로 나를 마주했다.

침묵은 외로움을 데려왔다. 백 일이 가까워질수록 대화가 그리워졌다. 마주 보고 웃는다는 건 단순한 수다가 아니라 마음의 연결이었다. 공감, 사랑, 의지 같은 것들. 멀어졌던 이들과 다시 가까워지고 싶어졌다.

백 일쯤 되었을 때 딸이 말했다.
"엄마가 아무 말 없이 싱크대 정리해 줘서 고마웠어."
그 말을 듣는 순간, 노력하는 내가 기특했고 표현해 준 딸이 고마웠다. 묵언을 하며 처음으로 말이 아닌 마음이 오갔다. 말은 한번 내뱉으면 주워 담을 수 없고, 말하는 동안에는 내 마음의 소리를 듣기 어렵다는 것도 알게 되었다. 말하기 전 잠깐의 멈춤이 내 안의 소리를 먼저 들

   마흔을 위한 이기적인 용기

려주었다.

　며칠 뒤 남편이 술에 취해 들어왔다. 비틀거리며 현관에 신발을 던지고, 싸늘한 눈빛으로 뭐가 문제냐고 물었다. 순간 말이 튀어나왔다.
　"당신이 문제야."
　그동안 쌓아 올린 침묵이 한순간에 무너졌다. 입을 급히 다물었지만 이미 늦었다. 그래도 다행이었다. 내가 화를 냈다는 사실을 스스로 알아차렸으니까. 그날은 조용히 방으로 들어가 숨을 골랐다.

　묵언을 끝낸 뒤에도 여전히 조심스러웠다. 감정이 불쑥 올라오면 급브레이크를 밟았고, '아, 또 시작이구나.' 싶어 숨을 들이마셨다. 침묵 속에서 배운 건 비워내는 힘이었다. 비워야 들린다는 것. 그렇게 조금씩 나를 듣기 시작했다.

　내 마음을 듣던 어느 날, 나에게 고백했다. 먼 훗날 죽음을 맞이할 때 그동안 가장 친했던 친구가 누구였냐고 묻는다면, 나는 망설임 없이 대답할 것이다.
　나였다고.

04

나는 왜 늘
나를 뒤로 미뤘을까

#자기외면

듣는 사람이 없었던 시간

말하지 않아도 알아주는 사람. 나에겐 엄마가 그랬다. 어린 시절엔 사랑이 부족하다고 느꼈지만, 지나고 보니 엄마의 사랑은 사라진 적이 없었다. 고된 삶이 우리를 잠시 멀어지게 했을 뿐이었다. 내가 독립한 뒤 엄마는 마음을 숨기지 않았다. 첫 휴가를 간 날, 버선발로 뛰어나와 안아주던 엄마의 품에서 나는 그토록 원하던 사랑을 느꼈다.

가난한 살림은 갓난아기였던 나를 언니 손에 맡기게 했다. 다행히 언니들에게 아낌없는 사랑을 받았지만, 언니들이 도시로 떠난 뒤 모든 것이 달라졌다. 겨우 여덟 살이었다. 학교 끝나고 집에 돌아오면 아무도 없었다. 불러주는 사람도, 내 이야기를 들어주는 사람도 없었다.

해가 지면 엄마는 허리를 반쯤 구부린 채 느린 걸음으로 돌아오셨다. 옆구리에 낀 호미 바구니를 수돗가에 내려놓고 대충 씻은 뒤 곧장 부엌으로 향했다. 학교에서 있었던 일을 조잘거리고 싶었지만, 바쁜 엄마를 더 힘들게 하는 것 같아 말을 삼켰다.

중학생이 되어 처음으로 바람을 맞으며 달렸다. 바람은 부드럽고 따뜻했다. 멈춰 있던 공기가 페달을 굴리는 순간 내 편이 되었다. 자전거는 비밀 친구가 되었다. 달리는 동안에는 아무 생각도 필요 없었다. 입을 다물어도 속이 시원했고, 숨을 고르면 꿈이 속삭였다. 사이클 선수가 되고 싶다는 마음이었다. 하지만 아무에게도 말하지 않았다. 들어 줄 사람도, 이룰 수 있으리라는 희망도 없었다. 그래서 숨겼다. 그렇게 묻어둔 꿈을 바람만은 기억해 주었다.

결혼 후에도 비슷했다. 저녁 메뉴를 물으면 남편은 늘 묻지 말고 알아서 하라고 했다. 사실 나도 무엇을 해야 할지 몰라서 던진 질문이었다. 아무리 애써도 음식은 어려웠다. 생선을 먹지 않는 그에게 해줄 수 있는 건 김치찌개뿐이었다. 김치는 좋아했지만 고기가 들어가면 싫어했고, 참치는 좋아했다. 참치는 생선 아닌가 싶었지만, 다툼이 될 게 분명해 삼켰다. 결국 무엇을 해야 할지 모르는 날이면 참치 김치찌개를 끓였다.

나는 엄마의 혼잣말을 보며 자랐다. 아버지가 불쑥 소리를 높이면, 엄마는 아무 말도 하지 못한 채 부엌으로 향했다. 그리고 알아들을 수 없는 말을 늘어놓곤 했다. 그것은 눈물 섞인 한풀이였고, 외로움의 언어였다. 아버지의 욱하는 성격을 견디기 위한 방식이었을 것이다.

어린 나는 그 마음을 알지 못했다. 혼잣말하는 모습이 좋아 보이지 않아 절대로 닮지 않겠다고 다짐했을 뿐이다. 그때 엄마에게 '속상하셨겠다'는 한마디를 건넸다면 어땠을까. 그 작은 맞장구 하나가 위로가 되었을지도 모른다. 엄마와 대화는 하고 싶었지만, 어떻게 다가가야 할지 몰라 타이밍을 놓쳤다. 그런 생각이 들자 가슴이 답답해졌다. 그리고 내 마음도 조금씩 막혀왔다.

엄마가 된 나 역시 싱크대 앞에서 혼잣말을 하고 있었다. 그 말을 아이들이 들었고, 아이들 앞에서 삼킨 말은 다른 곳에서 불쑥 튀어나왔다.

이중적인 나를 바꾸고 싶었다. 오늘의 마음을 알기 위해 틈만 나면 펜을 들었다. 처음엔 아무 말도 들리지 않았다. 마음을 물어본 기억조차 희미했다. 그러다 애쓰지 않고 떠오르는 생각을 그대로 받아 적었다. 산책길에서 만난 부드러운 바람, 파란 하늘과 붓질해 놓은 듯한 구름이 예뻤다고 손이 알려주었다. 거창하지 않았다. 크지도 않은 이 작은 순간들이 내가 원하는 것이었다.

나와의 대화는 어렵지 않았다. 내 마음은 소소한 말들 속에 있었다. 혼잣말도 내가 나에게 건네는 대화였다. 지금 속상하다고, 이 마음을 풀어야 한다고.

누군가 알아주기를 바라면서도 정작 나는 내 말을 듣지 않았다. 일부러 외면한 건 아니었다. 듣지 않아도 되는 줄 알았고, 듣는 방법도 몰랐을 뿐이다.

나는 왜 늘 내 말을 듣지 않는 사람이 되었을까. 마음이 닫혔다고 생각했지만, 문을 닫은 건 나였다. 마음은 두드리기만 하면 언제든 열릴 준비가 되어 있었다는 걸, 그제야 알았다.

다시 묻자 아이들과 마주 보고 웃는 시간, 딸이 해준 요리가 떠올랐다. 아이들과 다정해지고 싶었다. 하지만 사춘기라는 벽이 또 한 번 앞을 기로막았다. 아이들의 말과 행동에 상처받지 않아야 하는 걸 알면서도 쉽지 않았다. 그 이유는 오랜 시간 동안 나 자신을 외면해왔기 때문일지도 모른다.

내 말을 듣지 않는 건 나를 부정하는 일이다. 이제는 가끔 들리는 혼잣말을 외면하지 않는다.

'그랬구나, 그렇구나.'

마음속으로 되뇌며 바라보고, 들어주고, 인정해준다.

05

말을
배우기로 했다

#언어태도

죄송하다는 말의 무게

시원한 바람이 부는 여름날 책상에 앉아 있으려니 몸이 간질거렸다. 누군가와 대화를 나누고 싶었지만, 막상 연락해 만나자고 할 사람이 떠오르지 않았다. 내가 먼저 문을 닫아놓고는, 대화 나눌 사람이 없다는 사실이 슬펐다.

사람들과 어울리려 애쓰다가도 정신을 차려보면 늘 구석에 있는 나를 발견하곤 했다. 피하거나 숨지 않으려 했지만, 나도 모르게 몸이 움츠러들었다. 묵언을 시작한 뒤로는 남아 있던 좁은 연결마저 끊긴 것 같았다. 말문을 어디서부터 다시 열어야 할지 고민하던 순간, 문득 바람이 떠올랐다.

오랜만에 자전거를 탔다. 옷깃이 바람에 흔들리고 머리카락이 뒤로 쓸려갔다. 바람이 얼굴을 스치며 머릿속을 시원하게 비워주었다. 아무것도 하지 않아도 마음이 정리되는 느낌이었다. 저 멀리 걸어가는 사람이 보였다. 가까워진 순간, 습관처럼 말했다.

"죄송합니다. 지나가겠습니다."

말을 뱉고 나서 멈칫했다. 잘못한 게 없는데 왜 죄송하다고 했을까.

미안하다는 말은 정말 필요할 때가 있다. 누군가의 발을 밟았을 때, 가까운 사람에게 상처를 줬을 때. 그런데 정작 그런 순간에는 쉽지 않다. 중학교 때 장난치다 친구의 머리카락을 자른 적이 있다. 식은땀을 흘리다 겨우 미안하다고 사과했다. 친구는 괜찮다며 넘겼지만, 머리카락이 다시 자랄 때까지 내 마음은 편치 않았다. 반면, 미안하지 않은 상황에서는 그 말이 너무 쉽게 나왔다.

그날 외국인과 한국인의 언어 습관을 비교한 글을 읽었다. 외국 사람들은 서로가 다르다는 걸 기본값으로 두고 말을 건넨다고 했다. 반면 우리는 마음이 비슷할 거라 짐작하며 먼저 눈치를 본다. 그래서 상대의 마음을 먼저 헤아린다는 의미로 '죄송합니다'가 먼저 튀어나오는 경우가 많다. 나 역시 누군가와 부딪힐 뻔하면 민폐라도 끼친 듯 서둘러 사과했다. 때로는 그 말이 사과가 아니라 비꼼처럼 들릴 수도 있겠다는 생각이

    마흔을 위한 이기적인 용기

들었다.

　돌이켜보면, 나는 누군가의 사과에 기분이 좋았던 적이 거의 없었다. 사과를 들어도 마음이 풀리기보다는 더 어색해졌다. 진짜 화가 났을 때는 사과를 원하면서도, 막상 들으면 편하지 않았다. 그런데도 내 입에서는 죄송하다는 말이 불쑥불쑥 튀어나왔다.

　다음 사람에게는 이렇게 말했다.
　"지나가겠습니다."
　말 한마디 덜었을 뿐인데 마음이 가벼워졌다. 또 다음 사람을 만났을 때는 "지나가겠습니다. 감사합니다."라고 하자 뒤를 돌아보고 웃으며 길을 비켜주었다. 그 미소가 기분 좋았다.

　아는 사이라도 오늘의 인상은 매번 다르다. 눈빛이 무거우면 힘든 일이 있는지 궁금해지고, 입꼬리가 가벼우면 좋은 일이 있었는지 묻게 된다. 그런데 목소리만 들리면 우리는 소리로 판단한다. 앞을 보며 걷고 있을 때 뒤에서 들려오는 낯선 '죄송합니다'는 어떤 느낌일까. 비켜달라는 뜻은 알겠지만, 기분이 좋지는 않을 것이다. 그래서 나는 '감사합니다'를 덧붙이기 시작했다.

자신을 낮추는 건 괜찮다. 하지만 낮추지 않아도 될 순간에 자신을 낮추면 자존감도 함께 낮아진다. 일상의 '죄송하다'가 불편하게 느껴지기 시작했다. 엘리베이터에서 누군가 문을 잡아주었을 때도, 죄송하다는 말이 먼저 나오려 했다. 한 박자 쉬고 감사를 전하자 상대는 별말씀을 다 한다며 미소 지었다.

말을 멈추자 비로소 말 습관이 보이기 시작했다. 불평은 편한 사람 앞에서 더 쉽게 흘러나왔고, 비슷한 경험을 한 사람을 만나면 봇물 터지듯 쏟아졌다. 그것은 불평이라기보다 나 좀 알아달라는 마음이었다. 말이 마음을 가볍게 해주는 줄 거라 믿었지만, 오히려 더 무겁게 만들 때가 많았다.

나는 어떤 언어로 마음을 표현하고 있을까. 기분 좋냐는 물음이나 잘했다는 칭찬에 고맙다는 인사를 가볍게 표현하고 싶었다. 그런데 막상 누군가 그렇게 말을 해주면, 나는 늘 "아니에요."라고 답했다. 겸손이라 여겼지만, 사실은 흐름을 막는 부정어였다.

겸손하면서도 당당하게, 마음을 있는 그대로 표현하고 싶었다. 그러려면 먼저 내 마음이 뭘 원하는지 알아야 했다. 말을 멈추고 나서야 해

야 할 말과 하지 않아도 될 말들이 보였다. 그 경계를 아는 것, 그것이
어른의 언어였다. 옛 어른들이 말한 불언은 입을 닫으라는 말이 아니라
마음을 먼저 알라는 말이었다.

　말을 멈추고 나서야 언어를 되찾기 시작했다. 진짜 하고 싶었던 말은
습관처럼 튀어나오는 말이 아니었다. 누가 들어도, 언제 들어도 서로의
기분이 나아지는 말. 그것이 내가 원하는 대화였다. 습관적인 말이 아
니라 진짜 느끼는 감정을 전하고 싶었다. 그래서 나는 다시 말을 배우기
시작했다.

06

단점은
고쳐야 할 것이 아니다

게으름의 진실

게으름, 회피, 두려움, 포기. 이 마음들을 뽑아내고 싶었다. 부정적인 마음만 없다면 더 나은 사람이 될 수 있을 것 같았다. 그래서 가난한 집에서 태어난 것을, 친구들 앞에서 늘 주눅 들어 있는 모습을, 나서지 못하는 소심함을 탓했다.

어른이 되어서도 달라지지 않았다. 상대가 상처받을까 봐서, 혹은 어떻게 말해야 할지 몰라서 회피했다. 이해하려는 노력보다 멀리하려 했고, 부딪히기보다 피하려 했다. 모임에서도 그랬다. 의견을 물으면 다른 사람들의 눈치를 먼저 봤고, 모두가 동의하는 방향으로 고개를 끄덕였다. 말해야 할 때 침묵했다가 뒤늦게 후회하는 일도 많았다. 그러다 용기 내어 말했는데 예상하지 못한 답이 돌아오면 기분이 상했고, 그 순간의 마음을 숨기지 못했다. 나는 내 안의 이런 부분들을 미워했다.

그러던 어느 겨울, 예고 없이 한파가 왔다. 해고 통보였다. 따뜻한 봄을 기다리다 삶이 얼어붙었다. 그제야 멈췄다. 아니, 멈출 수밖에 없었다. 어디로 가야 할지 알 수 없었고, 무엇을 해야 할지도 몰랐다. 이력서를 쓰다가 멈추고, 구인 공고를 보다가 창을 닫고, 침대에 누워 천장만 바라보았다. 게으르다고 자책하면서도 몸은 움직이지 않았다.

그때 내 안의 목소리를 듣기 시작하면서 처음으로 게으름의 정체를 보게 되었다. 그것은 게으름이 아니라, 지쳐버린 몸이 보내는 신호였다. 쉬고 싶다는 외침이었다. 앞만 보고 달려온 몸이 잠시 멈춰야 한다고 말하고 있었다. 새벽에 눈을 뜨고도 침대에 누워 뒤척이던 아침, 해야 할 일을 미루며 텔레비전을 보던 저녁, 노력하지 않았던 순간들. 자책했던 순간들을 하나씩 적다 보니 공통점이 있었다. 모두 마음이 지쳐 있던 때였다.

아이들과 부딪히고, 남편과 말다툼하고, 회사에서 힘든 일이 있었던 날들. 게으름은 내가 더 이상 견딜 수 없을 때 나타나 나를 쉬게 했다. 두려움도 비슷했다. 나를 보호하고 싶은 순간이나, 무언가를 간절히 원

할 때 찾아왔다. 회피도 그랬다. 사람들을 멀리한 건 관계를 싫어해서가 아니라 상처받지 않으려는 몸부림이었다.

나를 지켜준 감정들

어느 날 산책을 하다가 작은 텃밭을 보았다. 주인이 없는 듯 잡초가 무성했는데, 그 사이로 배추 한 포기가 버티고 있었다. 언뜻 보면 잡초가 쓸모없어 보였지만, 자세히 보니 배추를 바람으로부터 지켜주고 있었다. 한겨울 매서운 바람에 배추가 얼지 않도록, 방패가 되어주고 있었다. 그 순간 깨달았다. 내가 미워했던 게으름과 두려움과 회피도 저 잡초처럼 나를 지키고 있었다는 걸.

나는 평생 그 마음들을 뽑아내려 애썼다. 게으름을 없애려 억지로 몸을 일으켰고, 두려움을 감추려 용감한 척했으며, 회피를 극복하려 사람들 속으로 들어갔다. 하지만 뽑아도 뽑아도 더 깊이, 더 질기게 다시 자랐다. 사실 그것들은 뽑아낼 대상이 아니었다. 제 자리를 찾지 못한 채 엉뚱한 곳에서 버티고 있었을 뿐이다.

단점은 고쳐야 할 것이 아니라 이해해야 할 것이었다. 게으름이라고 여겼던 마음에 '쉼'이라는 이름을 붙였다. 몸이 보내는 신호를 무시하지 않고 귀 기울이기로 했다. 두려움은 신중함이 되었다. 낯선 자리에서 한

　　마흔을 위한 이기적인 용기

발 물러서는 것도 나를 지키는 방식이었다. 회피는 거리 두기라는 선물이 되었다. 모든 사람을 만날 필요는 없었다. 내게 맞는 관계를 고르는 것도 용기였다.

묵언의 시간 속에서 또 하나를 발견했다. 나에게는 엉뚱함이 있었다. 미술 시간이었다. 4절지에 그림을 그려 앞에서 발표하는 시간, 내 발표가 끝난 뒤 잠시 딴생각을 하다 4절지를 돌돌 말아 망원경을 만들었다. 눈에 갖다 대는 순간 교실은 웃음바다가 되었다. 왜 그랬는지 나도 몰랐다. 갑자기 튀어나온 행동에 얼굴이 화끈거렸다.

어른이 된 후에도 엉뚱함을 숨기려 했다. 회의 시간에도, 아이들과 대화할 때도 재미있는 생각들이 떠올랐지만 분위기에 맞지 않을 것 같고 이상하게 보일까 봐 말을 삼켰다. 하지만 묵언을 끝내고 다시 말을 시작했을 때 그 엉뚱함이 사람들을 웃게 했다. 이름에 방향과 철학을 담아 삼행시를 전하면 자신을 잘 표현했다며 좋아했다. 마주 보고 웃을 때면 기분이 참 좋았다.

그렇게 달리 보는 시선이 누군가에게는 위로가 되었다. 어려운 문제일수록 잡초를 바라보듯 한발 물러서서 시선을 넓혀야 한다. 그 안에서 엉뚱함은 결점이 아니라 다르게 생각할 줄 아는 나만의 방식이 되었다.

결국 문제는 그것들을 잘못으로 바라보고 있었다는 데 있었다. 게으름, 두려움, 회피, 엉뚱함. 이 모든 것은 나를 지켜온 방식이었고, 여기까지 데려온 힘이었다. 이제는 게으름 피우고 싶을 땐 편히 쉬고, 예감이 좋지 않을 때는 신중히 멈추고, 거리를 둬야 할 때 물러서고, 엉뚱해도 괜찮을 때 나답게 웃는다. 그것이 나를 지키는 방식이다.

당신에게도 있을 것이다. 평생 부끄러워했던 마음, 고치고 싶었던 습관, 숨기고 싶었던 모습. 어쩌면 그것은 당신을 지켜온 방식인지도 모른다. 조금만 시간을 내어 들여다보면, 그 안에서 자신만의 씨앗을 발견할 수 있을 것이다.

07

트라우마를
타임캡슐로 부르기까지

#통찰

퇴적물처럼 쌓인 상처

수면 아래 돌처럼 가라앉은 기억이 있었다. 누군가의 말과 내가 가둔 상처들이다. 저녁을 준비하다 기억이 떠오르면 억울함에 눈물이 글썽거렸다. 즐거운 마음으로 준비해도 부족한데, 감정이 흔들리면 아이들에게 나쁜 에너지가 전달될 것 같아 고개를 흔들어도 쉽게 지워지지 않았다. 무거운 기억들을 어떻게 하면 지울 수 있을까를 고민했다.

상처를 내려놓아야 한다고 믿었다. 하지만 내려놓았다고 생각한 밀들은 켜켜이 쌓여 있었다. 누르려 애쓸수록 묵혀둔 기억들이 하나씩 떠올랐다. 착해야 한다는 생각, 공손해야 한다는 믿음 아래 눌러둔 기억들이었다. 그 마음을 트라우마라고 불렀다.

마음 창고를 환기하고 싶었지만, 문을 여는 게 두려웠다. 그렇다고 닫아둔다고 가벼워질 것 같지도 않았다. 문을 열 방법을 고민하다가, 창고 이름부터 바꾸기로 했다. 트라우마라고 부를 때마다 모든 상황에서 내가 피해자인 것처럼 느껴졌기 때문이다.

영화 〈엽기적인 그녀〉의 마지막 장면이 떠올랐다. 푸른 언덕의 느티나무 아래에서 두 사람이 타임캡슐을 꺼내 상자를 여는 순간, 얼굴에 미소가 번졌다. 과거가 현재로 이어지는 순간이었다. 과거의 기억을 판단하지 않고 바라보기로 다짐하며, 창고의 이름을 타임캡슐로 바꿨다.

기억에 담긴 메시지

중학교 때 친구가 던진 말이 떠올랐다.

"말 걸지 마."

전날까지 같이 웃던 친구가 차가운 말을 던졌을 때 말문이 막혔다. 그날 이후 친구를 멀리했다. 기억의 상자를 열자 그때의 마음이 고스란히 올라왔다. 속상했던 내 마음을 먼저 바라본 뒤 친구의 마음을 떠올려 보았다. 아마 억울하게 혼났을지도 모른다. 그랬다면 위로받고 싶었을 것이다. 누구나 힘들 때 상대가 먼저 알아봐 주길 바라는 마음은 있으니까. 나는 그 마음을 묻지 않고 내 마음만 붙잡고 있었다.

결혼 후의 상처는 깊었다. 며느리니까, 엄마니까 당연하다는 말들. 아들을 향한 사랑이었지만, 내게는 무거운 의무였다. 남편의 경제적 능력과 형제 간의 일들이 내 몫이 되기도 했다. 여자 하기 나름이라는 말을 들었을 때는 죄인이 된 기분이었다. 때로는 남편 밥을 차려주기 위해, 대를 잇기 위해 결혼한 사람처럼 느껴지기도 했다.

어느 날은 "전라도 사람은 화나면 무섭다."는 말을 들었다. 친절하다가도 기분 나쁘면 무섭게 뒤돌아선다는 말은 욕먹기 싫으면 잘하라는 뜻처럼 들렸다. 그 말들은 '카더라'가 되어 퍼졌고, 누군가의 경험이 보편화되었다. 다 그렇지 않다고 말했지만, "너도 화나면 무섭다."는 말이 돌아왔다. 화났는데 안 무서운 사람이 어디 있을까. 처음엔 어이가 없었고, 나중엔 일을 키우고 싶지 않아 삼켰다.

그 말은 지역의 문제가 아니라 사람을 바라보는 방식의 문제였다. 누구나 상처받으면 등을 돌린다. 그 단호함은 차가움이 아니라 방어였다. 나는 감정의 불편함을 싫어했다. 그런 내가 입을 닫았다면 그만한 이유가 있었을 것이다. 억울함을 삼켰을 때 "가정교육 잘 받았다."는 말을 들으니 더 표현할 수 없었다. 그 공간에서 내 마음은 중요하지 않았다.

그런데 묵언 중이던 내 모습도 비슷했을 것이다. 누군가의 눈에는 차갑게 등을 돌린 사람처럼 보였을지도 모른다. 그래도 과거의 억울한 마음은 사라지지 않았다. 일방적으로 당한 말들은 아무리 곱씹어도 이유를 찾을 수 없었다. 그러다 문득 이런 질문이 스쳤다.

'나는 이유 없이 상처 준 적 없을까?'

말문이 막혔다. 내 불편한 감정도 아이들이나 편한 사람에게 흘러갔다. 정리되지 않은 말들이 누군가를 다치게 했을지도 모른다. 만약 내 말이 문제없었다면, 관계가 흐트러지지 않았을 것이다. 그제야 내 감정 때문에 상처받았을 이들에게 미안해졌다. 이해되지 않은 상처들을 굳이 이해하려 애쓰지 않아도 되었다.

타임캡슐이 되었다

문제가 된 건 말이 아니라 기억이었다. 과거를 바라보자 내 잘못이 보였다. 아이들의 마음에도 억울함이 쌓여 있을 거라 생각하니, 그 시절의 내가 부끄러워졌다. 이미 지나간 말들이 생각날 때마다 사과할 수는 없었지만, 기억을 들여다보는 것만으로도 마음은 조끔씩 정화되었다.

트라우마로 볼 때는 아픈 기억이었지만, 타임캡슐로 바라보니 시선이 달라졌다. 그 경험 속에는 지금의 나에게 전하려는 메시지가 숨어 있었다. 불편한 상황에서도 상대방의 사정을 헤아릴 여유가 생겼고, 누군가

억울해할 때 그 마음을 먼저 읽게 되었다.

상처 속에서 지혜를 발견했다. 내가 받은 상처는 다른 사람의 마음을 들여다보라는 신호였고, 내가 준 상처는 혼자만 억울해하지 말라는 메시지였다. 타임캡슐이라 부르자 과거에 다가가기도 쉬워졌다. 그 안의 이야기를 발견할수록 마음은 가벼워졌다.

타임캡슐을 연다는 건 과거를 들춰내는 일이 아니라, 상처를 통해 현재를 배우는 일이다. 이것이 이기적이 된다는 말의 진짜 의미였다. 나만 아끼는 일이 아니라 나를 위하는 마음. 묻어두었던 말들은 내 마음을 편하게 하기 위한 선택이었지만, 타임캡슐을 여는 일은 달랐다. 그것은 진짜 나를 위하는 일이다.

이제 어려운 문제를 만날 때면 과거의 상처에 묻는다. 그 안에 어떤 메시지가 숨어 있는지를, 그때 어떻게 견뎌내었는지를. 그리고 상대의 욕구를.

나를 찾는 질문 노트

"질문만으로도 무언가가 다시 움직이기 시작했다."

1부에서 우리는 질문의 힘을 경험했습니다. 이제 당신의 질문을 적어볼 차례입니다.

1. 지금 내 마음이 가장 원하는 것은 무엇일까요?

(예: 쉼, 위로, 혼자만의 시간)

____

____

2. 바꾸고 싶다고 느끼는 나의 습관적인 언어는 무엇인가요?

(예: 죄송합니다, 괜찮아요, 아니에요.)

____

____

3. 어려운 순간마다 반복되던 나의 생각은 무엇이었나요?

(예: 나는 게으르다, 괜히 나섰다.)

____

____

4. 혼자 조용히 있을 때, 내 마음이 하는 말은 무엇인가요?

(예: 그래도 다행이다, 천천히 가도 돼.)

____

____

5. 과거의 상처가 내게 가르쳐준 것은 무엇인가요?

(예: 나를 먼저 돌보기, 거리 두기, 억울해하지 않기)

____

____

자신을 아는 일은, 스스로를 밝히는 첫 번째 선택입니다.

2부

감정의 진짜 이름 부르기

짜증은 외로움이었고, 화는 경계였으며, 불안은 신호였다.
감정에 진짜 이름을 붙이자, 비로소 마음이 들렸다.
감정은 나를 해치는 게 아니라 나를 이해하는 열쇠였다.

08

짜증 뒤에 숨은
진짜 감정

짜증이라는 신호

스무 살 무렵의 나는 짜증이 몸에 밴 사람이었다. 배가 고파도, 일이 어긋나도, 생각이 뜻대로 되지 않아도 올라왔다. 짜증 난다는 말은 습관처럼 입에 붙어 있었다. 감정이 먼저인지, 말이 먼저인지 헷갈렸지만 한 가지는 분명했다. 말이 입 밖으로 나온 뒤에야 감정을 알아차렸다는 것. 늘 한 박자 늦었다.

친구와의 약속이 취소된 날이었다. 기대하던 만남이 사라지자 갑자기 허전해졌다. 마음을 바꾸려고 방 청소를 시작했다. 책상 위에 올려둔 펜이 자꾸 굴러떨어졌다. 별일 아닌데 손끝이 거칠었다. 다시 올려놓고, 또 떨어지고, 그 순간 안쪽에서 무언가가 끓어올랐다. 결국 손에 잡히는

컵을 벽으로 던졌다.

와장창.

소리가 방 안에 울리고, 투명한 조각들이 바닥에 흩어졌다.

조각을 주우다 손끝이 따끔했다. 피가 배어 나오자 눈물이 함께 흘렀다. 벽에 부딪힌 건 컵이 아니라 내 마음이었다. 친구가 미웠을까, 아니면 뜻대로 되지 않는 내 삶이 싫었던 걸까. 하나씩 짚다 보니 밑바닥에는 외로움이 남아 있었다. 함께 웃고 싶었는데 그럴 수 없었던 마음. 그날의 짜증은 꺼내놓을 곳이 없을 때 대신 터져 나온 소리였다.

짜증은 안전한 감정이었다. 슬프다고 말하면 약해 보일까 걱정했고, 외롭다고 하면 초라해질 것 같았다. 불안하다고 인정하면 문제가 있는 사람처럼 느껴졌다. 말하지 못한 감정들이 쌓일수록 마음은 거칠어졌다.

결혼하고 아이를 낳은 뒤에도 달라지지 않았다. 아이들이 짜증 났냐고 물으면 아니라고 답했지만, 말끝에는 한숨이 붙어 나왔다. 아이가 내 감정을 아는 게 불편했다. 짜증 많은 엄마로 기억될까 봐, 나를 닮을까 봐 겁이 났다. 이 순간이 아이들 기억에 남지 않기를 바랐다.

묵언을 시작하며 감정을 적기 시작했다. 노트에 짜증 난 순간들을 적고, 왜인지 물었다. 그러면 숨은 마음이 모습을 드러냈다. 슬픔이었고, 무거움이었고, 외로움이었다. 감정을 그대로 인정하자 짜증이 조금씩 힘을 잃었다. 그 감정들이 정말 원하는 건 무엇이었을까. 외로움 뒤에는 함께하고 싶다는 마음이, 슬픔 뒤에는 위로받고 싶다는 마음이 있었다. 감정을 넘어 그 밑바닥을 들여다보자, 욕구가 보이기 시작했다.

어느 날 짜증에게 물었다. 정말 원하는 게 뭐냐고. 짜증 났던 순간들을 다시 들여다봤다. 아이 학원비가 부족하던 순간, 가족과 외식하고 싶었지만 망설이던 저녁, 싱크대 앞에서 메뉴를 고민하던 시간들. 그때마다 올라오던 불편함의 정체는 해주고 싶은데 해줄 수 없는 마음이었다. 미안함과 불안이 그 안에 함께 있었다.

내 안의 짜증이 줄어들자 세상의 짜증도 덜 들렸다. 누군가의 날 선 말이 짜증으로 보이지 않고, 그 뒤에 숨은 사정이 보이기 시작했다. 배가 고픈 것일 수도 있고, 마음이 보내는 신호일 수도 있었다. 몸이 보낸 신호는 채우면 되었고, 마음의 신호는 알아봐 주면 충분했다.

그 시선을 알려준 건 아이였다. 갓난아이의 언어는 울음뿐이다. 울음

하나에도 엄마는 안다. 배고픈지, 졸린지, 몸이 불편한지. 울음 속에는 욕구가 숨어 있다. 그 욕구를 알아봐 주는 순간 아이는 곧 안정된다. 어른의 마음도 다르지 않았다. 말과 행동 뒤에 숨어 있는 마음을 읽어주면 고요해졌다.

어느 날 고속도로에서 위험하게 끼어드는 차를 만났다.

"화장실이 급한가 봐."

한마디에 옆에 있던 아들이 웃었다. 짜증은 결국 마음의 언어였다. 정말 원하는 건 뭐지 묻는 순간, 마음에 여유가 생겼다.

09

화는
나를 지키는 신호

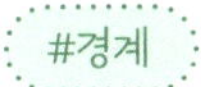

받아들이지 못한 감정, 화

퇴근 후 저녁을 챙기고 집안일을 마친 뒤 책상에 앉았다. 잠시 후 현관문이 열리며 쿵 소리가 났다. 마주치면 잔소리를 들을 것 같아 고개를 숙였다.

"먹었으면 설거지 좀 하지."

싱크대에는 간식 접시 몇 개가 남아 있었다. 그 말을 듣는 순간, 속에서 화가 치밀었다. 종일 집에 있다가 술 마시고 온 사람이 할 말인가 싶었다.

눈썹이 저절로 세워지고 미간이 좁혀졌다. 화는 늘 그랬다. 마음이 불편해지는 순간, 얼굴이 먼저 반응했다. 감정을 드러내지 말라고 배웠지만 쉽지 않았다. 웃음도, 화도 숨기려 할수록 더 또렷해졌다.

방문을 닫았다. 살살 닫았지만 쿵 울림이 퍼졌다. 문 너머에서 중얼거리는 소리가 들렸다. 나는 남편이 잠들 때까지 기다렸다. 마주치면 내가 사나워질 것 같아서였다. 잠자리에 누워도 화와 짜증이 엉켜 쉽게 잠들지 못했다. 내 마음인데도 주인이 되기는 어려웠다.

화를 누르려 할수록 더 선명해졌다. 이렇게 계속 참다간 병이 나겠다는 생각이 들었다. 문득 스무 살 때 읽었던 문장이 떠올랐다. 법정 스님의 『무소유』였다.

"마음에 따르지 말고 마음의 주인이 돼라."

그 한 줄에 매료돼 마음을 다스려보려 했지만, 감정은 더 거칠게 튀어나왔다. 모른 척하고, 견딜수록 오히려 끌려다녔다.

그날 밤, '주인'이라는 단어가 다르게 느껴졌다. 펜을 쥐고 글을 쓰다 손을 멈췄다. 나는 펜의 주인이지만, 펜이 곧 나는 아니다. 그렇다면 마음의 주인이 된다는 것도 그런 일 아닐까. 주인이라는 말에는, 마음과 내가 하나가 아니라는 뜻이 담겨 있었다.

마음을 나와 분리하자 제어되지 않던 감정들이 보이기 시작했다. 기쁨과 행복은 원한다고 머물지 않았다. 기다림과 고비를 지나야 잠시 들렀다가 떠났다. 반면 우울과 걱정, 외로움은 밀어낼수록 더 달라붙었다. 원하는 감정에는 인내가 필요했고, 불편한 감정은 늘 곁에 있었다.

산책길에서 본 강아지가 떠올랐다. 주인은 강아지를 억지로 끌지도, 내버려두지도 않았다. 느슨하게 목줄을 쥔 채 함께 걸었다. 나도 그렇게 하기로 했다. 감정을 억누르지 않고 두되, 너무 날뛰거나 누군가를 다치게 할 것 같을 때만 살짝 잡아당기기로 했다. 감시는 아니었다. 돌봄이었다.

주인이 된다는 건 억누르는 게 아니라 알아차리는 일이었다. 화가 왔구나, 지금 슬프구나. 그렇게 인정해주는 것만으로도 마음은 한결 가벼워졌다.

다음 날 새벽, 『도덕경』을 필사하다 난해하던 문장이 풀렸다.
"초연하고 담담하게. 승리하고도 아름답지 않게."
병기를 다루는 31장의 구절이었다. 병기를 좋아하는 사람은 없다. 화도 마찬가지다. 병기는 공격이 아니라 방어의 도구다. 갑작스러운 침입으로부터 자신을 지키는 힘, 그것이 화의 본래 역할이었다.

전날 밤, 나는 화를 인정했다. 하지만 붙잡아 두지는 않았다. 지나간 일을 끌어오지 않고 조용히 흘려보냈다. 그 태도가 초연함이었다. 마음 편한 쪽이 결국 이긴다. 불편한 밤 덕분에 문장이 몸으로 이해되었다.

화와 잘 지내는 방법은 의외로 단순했다. 인정이다. 늦은 밤 아이들을 겨우 재운 뒤 손님이 찾아온 적이 있다. 귀찮은 마음을 누르고 차를 내고 잠시 이야기 나눈 뒤 돌려보냈다. 감정도 손님과 같았다. 억지로 쫓아내지 않으면, 잠시 머물다 스스로 떠났다.
"화 왔어? 잠시 쉬었다 가."
그 한마디면 충분했다.

남편이 왜 그런 말을 했는지도 이제는 조금 보였다. 묵언을 시작한 뒤 나는 책상 앞에만 앉아 있었다. 등을 돌린 나와 대화 나누고 싶었을지도 모른다. 그 마음을 받아들이지 못했다. 내 안에 묵은 감정들이 풀리지 않았으니까.

화는 자신을 무너뜨리려는 적이 아니라 나를 지키려는 신호다. 그 신호를 알아차리는 것, 그것이 내가 선택한 경계다.

10

불안 속에
숨은 선물

#위험신호

결혼 후 친정에는 여름휴가 때만 내려갔다. 명절에 한 번 안 오냐는 엄마의 물음에 형편이 어렵다는 말은 못 하고, 멀어서라고 둘러댔다. 아이들은 외갓집을 좋아했다. 해가 마당에 가득한 시간, 엄마는 수박을 반으로 갈라 아이들 손에 숟가락을 쥐여주었다. 평상 위에 앉아 껍질 가까이 퍼먹던 그 달콤한 맛이 아직도 선명하다. 누나가 깔깔 웃으면 동생도 따라 웃었다.

수박물에 옷이 젖으면 고무 대야에 자가운 시하수를 받아 물놀이를 했다. 도시에서는 조심해야 할 일들이 시골에서는 모두 허락되었다. 그 자유가 좋았다. 계곡에서, 바다에서 마음껏 뛰놀다 돌아올 때면 아이들은 한 뼘씩 자라 있었다.

차에 오르기 전, 엄마와 눈이 마주칠 때마다 불안이 스쳤다. 내년에 또 올 수 있을까. 엄마는 내가 태어나기 전부터 약을 한 줌씩 드셨다. 걸음은 느렸고 숨은 가빴다. 그럼에도 이듬해에도, 그다음 해에도 우리를 기다리셨다. 그 모습에 안심이 되었다. 괜한 걱정이라며 스스로를 달랬다.

"내년에 또 올게."

가볍게 인사한 뒤 돌아섰다. 그리고 그다음 여름은 오지 않았다.

그해 겨울, 조카 결혼식이 있었다. 부모님은 이사한 집에 오셔서 하룻밤 주무시고 가셨다. 엄마는 심장이 좋지 않아 답답한 공간에서는 잠을 이루지 못했다. 집을 고를 때도 거실 밖이 트인 집을 택했다. 학교 주차장이 보이는 창가를 보여드리며 마음 한구석이 놓였다. 부족한 효도라도 한 기분이었다.

부모님이 내려가신 2주 뒤 남편이 물었다.

"장흥 다녀올까?"

얼마 전 얼굴을 봤다는 이유로 다음에 가자고 했다. 대신 큰마음 먹고 유명한 식당에 가서 식사하고, 마시멜로를 구워 먹으며 하루를 보냈다.

그날 밤이었다. 아버지는 병원에 입원 중이었고, 엄마는 주무시다 의식을 잃으셨다. 그날 밤 혼자 계시던 엄마는 식사를 거르고 약만 드셨다. 설사를 하면서도 두근거림이 심해 안정제를 두 알이나 드셨다고 했다.

새벽녘, 이상한 예감이 든 아버지가 전화를 걸었지만 엄마는 받지 않았다. 이웃집에 도움을 청했고, 기절해 계신 엄마를 발견했다. 응급실에 입원하셨다는 소식을 듣는 순간, 나는 스스로 죄인이 되었다. 내가 내려갔더라면 달랐을 것이다. 빈속에 약을 드시지는 않았을 것이다. 다행히 의식이 돌아왔지만, 다시 일어나지는 못했다. 몇 달을 병원에서 버티다 세월호 참사로 안산이 잠긴 이틀 뒤, 엄마도 눈을 감으셨다.

불안, 직감이 전하는 말

불안을 내려놓았다고 믿은 순간, 일이 생겼다. 내년에도 올 수 있을까 라는 생각 속에 이미 답이 있었다. 계실 때 잘하라는 마음의 신호였다. 불안은 나를 괴롭히기 위해 온 것이 아니라, 지금을 붙잡으라는 메시지였다.

엄마를 보내며 마음의 뿌리를 잃었다. 중력이 사라진 것 같았다. 한동안 허공에 떠 있었다. 겨우 안정을 찾아갈 무렵, 또 다른 불안이 밀려왔다. 경제적 어려움, 사춘기 아이들, 그리고 해고. 문제는 언제나 돈이었다. 돈이 없다는 건 여유가 없다는 뜻이었다. 불안은 다시 나를 삼켰다.

미래가 보이지 않았다. 그때 할 수 있는 일은 나를 키우는 것뿐이었다. 불안을 안은 채 공부하고 글을 썼다. 불안은 멈추게 하지 않았다. 오히려 움직이게 했다. 불안이 없었다면 나를 들여다보려 하지 않았을 것이다.

엄마를 보내며 배웠다. 불안을 무시하면 기회를 놓친다는 것을. 해고를 겪으며 또 배웠다. 불안을 힘으로 바꿀 수 있다는 것을. 미래는 여전히 불안하다. 하지만 불안은 나쁜 예감이 아니라 잘 살고 싶다는 신호다. 지금 이 순간을 더 사랑하라는 삶의 부름이다.

불안이 없었다면 나는 여전히 멈춰 있었을 것이다. 잃을까 봐 두려운 마음이 정말 소중한 것을 지키게 했다. 엄마를 향한 불안은 엄마가 소중했기 때문이었다. 가족을 향한 불안은 사랑이 있었기 때문이었다. 그리고 나를 향한 불안은 나 자신을 더 잘 돌보라는 신호였다.

불안 속에 숨은 선물은 무엇을 지키고 싶은지 알게 해주는 것이다. 그리고 그 무엇보다 먼저 지켜야 할 사람은 바로 자신이다. 내가 흔들리지 않아야, 사랑하는 사람이 돌아올 수 있다.

11

고집을
지켜주는 법

고집의 이유

"왜 이렇게 고집을 부리냐?"는 말에 멈칫했다. 그 말을 들을 때마다 마음이 움츠러들었다. 고집이라는 단어는 단단함보다 고리타분함에 가까웠고, 꼭 잘못한 사람처럼 느껴졌다. 내 고집을 인정받지 못하니 다른 사람의 고집도 받아들이기 어려워졌다.

아들은 늦었다. 딸은 아홉 달 만에 걸었는데, 아들은 돌이 한참 지나서야 첫발을 내디뎠다. 집에서는 잘 걷다가도 밖에만 나가면 한 발짝도 움직이지 않았다. 나는 그것을 고집이라고 생각했다.

외출하고 돌아오는 길에 따뜻한 가을 햇살을 선물하고 싶었다. 아기

띠를 풀며 걸어가자고 하자 아이는 그대로 굳은 채로 두 팔 벌리고 울기 시작했다. 괜찮다며 몇 번을 말해도 움직이지 않았다. 고집을 꺾어야 한다고 생각하며 몇 걸음 앞서 걸었지만, 아이는 굵은 눈물을 뚝뚝 흘리며 서 있었다. 결국 5분이면 될 거리가 30분이나 걸렸다. 그날 밤, 잠자리에 누웠는데 아이의 슬픈 눈망울이 자꾸 떠올랐다.

정말 고집이었을까. 아이가 태어난 지 한 달 만에 반지하에 물이 차 공사를 했고, 곧 중이염에 걸렸다. 두 돌이 다 되도록 매일 항생제를 먹었다. 의사는 아이에게 소리는 물속에서처럼 웅웅 울릴 거라고 했다. 거리의 소음과 사람들 말소리가 모두 낯설고 무서웠을 것이다. 그날 아이가 나를 바라보며 울던 눈망울은 고집이 아니라, 세상이 두려운 몸부림이었다.

기다리는 마음

젖떼기는 달랐다. 딸에게 했던 실수를 반복하고 싶지 않았다. 그때는 누군가의 말을 듣고 두통약을 발랐고, 딸은 단번에 젖을 뗐다. 이번에는 시간을 주기로 했다. 눈을 마주 보며 일주일만 더 먹고 밥을 먹자고. 손짓과 표정으로 천천히 알려주었다. 그날 밤부터 품을 파고들어도 밀어내지 않고 안아주었다.

마지막 날을 앞두고 다시 한번 말했다. 그날 밤 아이를 안은 채 뜬눈으로 새벽을 맞았다. 그리고 다음 날 아침, 아이는 신기하게도 더 이상 젖을 찾지 않았다. 미리 알려주고 기다려준 덕이었다.

걸음마와 젖떼기는 비슷한 시기였지만 결과는 달랐다. 하나는 조급함이 있었고 다른 하나에는 기다림이 있었다.

아이가 두 돌 무렵 우리는 반지하에서 1층으로 이사했다. 햇살은 하루 서너 시간밖에 들지 않았지만, 이사 한 후 사흘 만에 중이염이 완치되었다. 아이는 서서히 소리에 반응하기 시작했다. 기쁨도 잠시, 들린다는 사실이 또 다른 조급함을 불러왔다. 말을 가르쳐야 한다는 마음이었다.

친구들과 어울리면 곧 말이 트일 거라는 어린이집 원장의 말에 기대를 걸었다. 무료라는 말에 즉흥적으로 맡겼고, 울며 매달리는 아이를 뒤로한 채 돌아섰다. 그날 오후 퉁퉁 부은 눈으로 서 있던 아이를 보며 알았다. 나는 또 아이의 고집을 꺾으려 하고 있었다는 걸.

몇 달 뒤 아이는 말을 하기 시작했다. 한 단어가 나올 때마다 심장이 뛰었다. 말은 빠르게 늘었고, 이해하기 어려운 말들은 누나가 통역해 주었다. 아이들만의 언어가 있다는 걸 그제야 알았다.

다음 해, 딸이 다니는 어린이집으로 아들도 보내기 위해 원장에게 부탁했다. 아이랑 한 시간만 먼저 놀 수 있게 해달라고. 풍선을 불어 교실을 함께 돌며 내일부터 여기서 친구들과 놀 거라고 말했다. 아이는 고개를 끄덕였다.

입학식 날 풍선을 들려 보내니 선생님은 의아해하셨다. 그리고 하원하는 시간 울먹이는 아이들에게 풍선을 불어주었다며 기분 좋게 웃었다.

유치가 누렇게 변했을 때도 미리 설명했다. 입을 벌리고 누워 있으면, 차가운 진찰 도구가 입에 들어가고 소리도 날 수 있다고. 그랬더니 치과도 무서워하지 않았다.

고집은 자신을 지키는 힘이었다. 문제는 고집을 꺾으려 했던 나의 마음이었다. 아들에게는 두려움이라는 이유가 있었고 나에게는 사랑이라는 이유가 있었다. 둘 다 자신을 지키려는 방식이었다.

고집을 꺾어야 한다고 생각할 때는 보이지 않았다. '무엇이 무서운 걸까?'를 묻는 순간 아이가 보였고, 나도 보였다. 고집은 누구에게나 있다. 다만 방향이 다를 뿐이다. 진짜 소통은 고집을 없애는 데서가 아니라, 그 고집이 무엇을 지키려는지 묻는 데서 시작된다는 걸 아이를 통해 배웠다.

12

한 걸음 물러서야
보이는 것들

#간격

아이가 고3이던 해였다. 늦은 밤, 친구가 가출했다며 친구를 데리고 들어왔다. 어깨가 축 처진 모습이었다. 방으로 들어가는 뒷모습을 보며 생각했다. 묻는 게 관심일까, 간섭일까. 결국 아무 말도 하지 않았다.

다음 날 아침, 친구가 먼저 일어났다. 아침을 먹이고 둘이 산책을 가자고 하니 좋다며 고개를 끄덕였다. 골목을 지나 언덕을 오르는 동안 햇살이 등을 쓸었다. 아이는 고개를 숙인 채 말이 없었다. 낯선 어른인 나를 말없이 따라온다는 건 어떤 마음일까. 무엇이 가장 불편한지노 궁금해졌다.

언덕 위에서 동네를 내려다보며 앞으로 계획이 있냐고 물으니 고개를 저었다. 엄마의 강요가 답답하다고 했다. 학원, 또 학원. 쉬고 싶을 때조차 일정에 맞춰 움직였다는 이야기를 들으며 나를 보았다. 사실 나 역시 아이들을 내 불안 속에 가두고 있었다. 학원을 보내지 못하는 형편이 두려웠고, 그 한계가 아이들의 미래를 막을까 조바심이 났다.

아이는 누군가에게 맞춰야 하는 게 답답하다고 했다. 그 말을 듣는 동안 또 한 번 나를 보았다. 지켜야 한다는 생각에, 스스로 서게 해야 한다는 마음에 아이들 곁에서 물러서 있었던 건 아닐까. 우리는 서로 다른 이유로 같은 자리에 서 있었다.

한발 물러서기

나는 아이들의 의견을 존중한다고 믿었다. 정확한 길이 보이지 않으니 방향을 말하지 않는 쪽을 택했다. 아이들은 다른 엄마들처럼 학원을 정해주고, 게으름을 바로잡아주길 바랐을지 모른다. 그 요구를 외면하고 있었다. 나도 그렇게 자랐다. 어린 시절 엄마는 일에 치여 내 말을 충분히 들어주지 못했다. 무관심이 아니라 여유가 없었을 뿐이라는 것을 이제는 안다. 그런데 나 역시 엄마를 닮아가고 있었다. 관여하지 않는 게 존중이라고 믿었지만, 존중을 가장한 회피였는지도 모른다.

걷는 사람, 달리는 사람, 서 있는 사람이 있다면 달리는 사람이 가장 빠르다. 나는 늘 달리고 싶었다. 그러나 멈춰 서서 발을 동동 구른 적도 많았다. 마음은 앞서 가지만 몸은 움직이지 않아 답답했다. 멈춰 있고 싶지 않았다. 멈추면 뒤처지니까. 하지만 달리기만 하기엔 능력도 시야도 체력도 부족한 게 많았다.

세 사람 중 시야가 가장 넓은 건 서 있는 사람이다. 그런데 서 있는 사람은 움직임이 없다. 그때 문득 호랑이가 떠올랐다. 호랑이는 점프하기 전 엉덩이를 뒤로 뺀다. 어디로 가야 할지, 얼마나 뛰어야 할지를 살핀 뒤 도약한다. 방향을 본 다음 힘을 모아야 자신이 원하는 지점으로 정확히 날아오를 수 있다는 걸 본능으로 알고 있다.

서 있는 사람보다 시야가 넓고, 달리는 사람보다 방향이 명확한 자리. 그게 바로 한발 물러선 자리였다. 아이에게 말했다. 지금 혼자 힘으로 설 수 없고, 엄마의 도움이 필요하다면 한 걸음 물러나 보자고. 방향을 고민하면서 도약을 준비하는 시간으로 삼자고 하니 아이는 고개를 끄덕였다.

우리는 한동안 동네를 내려다보았다. 골목 사이로 사람들이 걸어가고, 어느 집 옥상엔 빨래가 펄럭이고, 저 멀리 학교 운동장이 보였다. 언덕 위에서 보니 길이 여러 갈래였다. 아이는 자기 집을, 나는 우리 집을 보았다. 서로 무슨 생각을 했는지 묻지 않은 채 언덕을 내려왔다.

도약을 위한 멈춤

그날 많은 생각이 스쳤다. 새롭게 시작하겠다고 다짐하던 때도 떠올랐다. 그때부터 내 삶은 조금씩 달라졌다. 책을 놓았던 손이 매일 책을 펼치고, 글을 쓰며 스스로와 대화하는 시간이 생겼다. 먼 미래로 미뤘던 일들이 현재가 되었다.

노트를 펼치고 아이들에게 무엇을 해줄 수 있을지 적어보려 했지만 답은 나오지 않았다. 무엇이 두려운가, 무엇이 불편한가, 무엇을 바라는가. 백지만 바라보다 덮었다. 며칠이 지나 손이 다시 움직였다. 아이들이 스스로 선택하길 바라면서도 방향을 잃을까 두려웠다. 정답을 주고 싶지만 내 답도 모르고 있다는 걸 그제야 알았다.

아이들에게 답을 주는 것보다 필요한 건, 답을 찾는 과정을 보여주는 일이었다. 완벽한 엄마가 아니라 길을 찾아가는 엄마. 그게 아이들이 배울 수 있는 진짜 모습이었다.

아무것도 하지 않는 시간은 두려웠다. 하지만 그 시간이 시작이었다. 흘러가는 마음에 맡기자 조금씩 방향이 드러났다. 앞만 볼 때는 보이지 않던 것들, 숨어 있던 가능성들, 다른 길들이 보이기 시작했다. 아이는

나와 대화 나눈 그날 집으로 돌아갔다. 마음을 놓았다. 나에게 솔직하게
말해준 아이가 고마웠다.

모두에게 맞는 답은 없다. 내가 찾은 해답도 상황에 따라 바뀐다. 그
래서 때로는 엉덩이를 뒤로 빼고 바라볼 여유가 필요하다. 거리 두기는
멀어지는 게 아니다. 도약하기 위해 엉덩이를 뒤로 빼는 것이다. 한발
물러서자 비로소 보였다. 내가 어디 있는지, 어디로 가야 할지, 어떤 힘
으로 뛰어야 할지.

13

마주 보지
않기로 했다

상처 깊은 플라타너스

과거의 내가 이해되지 않았다. 물음표가 그림자처럼 따라다녔다. 왜 억울한 말 앞에서 참았을까, 왜 더 일찍 나를 이해하려 하지 않았을까. 수많은 '왜'가 밤마다 마음을 두드렸다. 그날따라 유난히 무거웠다. 아침부터 과거의 실수들이 떠올랐고, 후회가 가슴을 조였다.

햇살 좋은 오후 산책을 나섰다. 늘 걷던 길에서 이상한 나무 하나가 눈에 들어왔다. 처음 보는 것처럼 낯설었다. 가운데가 뻥 뚫린 플라타너스였다. 오래된 상처는 이미 말라 있었다. 속이 텅 비기까지 얼마나 아팠을까. 그런데도 나무는 여전히 그 자리에 서 있었다.

울컥하는 마음에 다가가 껍질을 만졌다. 표면은 생각보다 매끄럽고 단단했다. 죽었을 거라 짐작하며 고개를 들어 가지 끝을 올려다보았다. 기다랗게 뻗은 가지 사이로 잎들이 바람에 흔들렸다. 그 순간 "고마워!"라는 말이 튀어나왔다. 버텨준 나무가 고마웠다. 무슨 사연으로 속이 비었는지는 알 수 없지만, 그럼에도 나무는 서 있다는 사실만으로 충분했다. 그 순간 수많은 '왜'는 힘을 잃었다.

돌아오는 길 나무를 다시 보고 싶었다. 그런데 찾을 수 없었다. 분명 천천히 걸었는데. 다음 날 그 길을 다시 걸었다. 나무를 만난 순간 반대편부터 확인했다. 멀쩡했다. 얼룩진 껍질은 건강해 보였다. 여느 플라타너스와 다르지 않았다. 다만 서 있는 위치에 따라 보이는 면이 달랐다. 한쪽에서는 상처, 다른 쪽에서는 생기가 보였다. 건강한 쪽에서 볼 때는 뒷면도 그럴 거라 믿었다. 내 판단이 옳다고 생각했다. 반대편에 상처가 있을 거라곤 상상하지 못했다.

양면을 동시에 볼 수 없듯, 나 역시 그랬다. 과거의 나를 이해하려 하기보다 다그치고 비난했다. 그래서 방향을 바꾸었다. 마주 보지 않기로 했다. 대신 나란히 서서 같은 쪽을 바라보기로 했다. '나는 왜 그랬을까?'가 아니라 그때의 '나는 어떻게 견뎌냈을까?'를 묻기 시작했다.

그렇게 포기했던 순간들이 떠올랐다. 집에 돌아오는 동안 생각이 이어졌다. 취직을 포기하고, 꿈을 미루고, 하고 싶은 말까지 삼켜야 했던 날들. 예전 같으면 나를 탓했겠지만, 이제는 그때의 나와 나란히 섰다.

그 선택들은 가족을 위한 것이었다. 남편은 어린 시절 몇 해를 친척 손에서 자랐다. 어른들 뜻에 따라 서울로 올라와 눈치를 보며 지냈다고 했다. 그 시절의 상처는 나무처럼 깊이 남아 있었다.

아무리 어려워도 아이는 우리가 키우자는 그의 말에 고개를 끄덕였다. 나 또한 태어나자마자 언니 손에 맡겨졌기에, 아이에게만큼은 엄마의 손길을 주고 싶었다.

남편이 디스크 수술로 일을 쉬게 되었을 때도, 시댁의 시선이 부담스러울 때도 취직하지 않았다. 그 선택은 아이들의 상처를 막기 위한, 그 시점의 나에게 가능한 최선이었다. 과거와 나란히 서자 모든 순간의 최선이 보였다. 그 이야기들을 따지지 않고 듣기로 했다. 나무 잎사귀가 바람에 흔들리는 소리를 듣듯이.

폭풍이 없었다면 지금의 나무는 없었을 것이다. 썩어 문드러진 상처 역시 과정이었다. 빈 공간이 있어야 바람이 통하고, 폭풍이 지나가야 뿌리가 깊어진다. 그 시간을 지나왔기에 지금의 나도 이렇게 서 있다. 상처가 없었다면 지금보다 훨씬 얕은 사람이었을지도 모른다.

누구나 보이는 면과 보이지 않는 면을 함께 지닌다. 가족의 불편한 말도, 누군가의 차가운 한마디도 그들만의 상처에서 나온 표현일 수 있다는 걸 그때는 보지 못했다. 나무의 반대편을 본다는 건 사람의 마음을 보는 일이었다. 아이의 마음을 보듯, 마주 서기보다 한 걸음 물러서서 바라보는 일.

어느 날 언니에게서 전화가 왔다. 방향을 찾느라 흔들리는 내 모습이 답답했을지도 모른다. "돈벌이는 하냐!"는 말이 판단처럼 들려 얼굴이 화끈거렸다. 지금 내가 걷는 길이 이해되지 않는다고 해서 틀린 길은 아니라고 말을 하고 싶었지만, 입이 떨어지지 않았다.

전화를 끊고 억울함과 서운함이 뒤섞였다. 왜 이 길을 걸을 수밖에 없는지 이해하려 하지 않은 채 던진 말에는, 내가 잘못 가고 있다는 단정이 담긴 듯했다. 그 순간 언니의 지난 시간을 떠올렸다. 그 역시 버티며 살아온 시간들이 있었다는 사실을 떠올리자 마음이 조금 부드러워졌다.

나무는 나에게 시선과 용기를 주었다. 힘들고 어려울 때면 나무를 떠올린다. 그러면 모진 폭풍 속에서도 서 있을 수 있는 힘이 생긴다.

14

내 가치는
내가 정한다

#자존감

가치를 사려 했던 날

한동안 독서 모임이 유행처럼 번졌다. 책을 읽고 이야기를 나누는 동안 우리는 각자의 삶을 버티고 있었다. 온라인 모임이 끝난 뒤 리더에게서 메시지가 왔다. 평생 회원 프로그램 소개였다. 평생 회원이 되면 가치 있는 수입을 만드는 법을 알려주고, 유료 강의에 무료로 초대하며, 30만 원짜리 일대일 오프라인 만남도 제공된다고 했다. 모두 합치면 몇 백만 원 이상의 혜택이라 덧붙였다. 회사를 그만둘 준비를 하던 시기였다. 나를 키우는 방법을 찾고 싶었던 때라 마음이 흔들렸다. 하지만 회원비는 부담이었다.

시간이 돈이 된다는 사실이 새삼스럽게 다가왔다. 가치에 따라 가격이 달라지고, 시간을 어떻게 쓰느냐에 따라 인생이 달라졌다. 누군가는 한 시간에 수십만 원, 수백만 원을 벌지만 나는 늘 시급으로 계산하며 살아왔다. 오랫동안 시간의 주인이 아니라 소비자처럼 살았다. 독서를 시작하면서부터 부족하다고 생각하던 하루를 들여다보고 시간을 모았다. 새벽 한 시간, 점심의 짧은 틈, 저녁 세 시간. 리모컨을 멀리 두고, 책상 앞에 앉았다. 그렇게 모은 시간이 나를 조금씩 바꿔주었다.

이제는 시간을 쓰는 법을 제대로 배우고 싶었다. 하지만 잘 알지 못하는 사람에게 목돈을 보내는 일은 쉽지 않았다. 한참을 고민하다 송금 버튼을 눌렀다. 두려움보다 욕망이 앞섰다. 그 사람이 가진 것을 나도 원했기 때문이다. 작가라는 타이틀, 성공한 사람 곁에서 자신 있게 웃는 얼굴. 그 자리에 나도 서고 싶었다. 성공한 사람 옆에 서면 나도 조금 나아 보일 것 같았다.

빈 다이어리가 보여준 내 모습

일대일 만남 날이 왔다. 기대를 안고 사무실로 향했다. 그러나 그날의 공기는 날카로웠다. 식사를 마치고 마주 앉자 그는 물었다.

"다이어리는 안 가져오셨어요?"

대화를 메모하지 않을 거냐는 말에는 미세한 압박이 묻어 있었다. 부랴부랴 노트를 꺼내 들었지만 얼굴이 화끈거렸다. 꾸중을 듣는 기분이었다. 이후도 비슷했다. 오랫동안 잘못 살아온 사람을 바로잡겠다는 듯한 어조였다. 시간을 허투루 쓰지 않으려면 사소한 일도 기록해야 한다며, 그동안 그렇게 살지 않았느냐고 되물었다. 자존감이 바닥으로 꺼지고, 자존심이 고개를 들었다.

그는 단기간에 돈을 모은 이야기를 들려주었다. 1억을 벌겠다고 마음먹고 실제로 벌었다는 말에 잠시 흔들렸지만, 금세 식었다. 내 이야기는 묻지 않고, 세상이 정해놓은 틀 안에서 나를 찾으라 했다. 그것은 나에게 맞는 해답이 아니라 사회가 만든 정답이었다. 식어버린 커피처럼 마음도 차갑게 식었다.

집으로 돌아오는 길, 안개비가 내렸다. 종일 내린 비로 고속도로 곳곳에 빗물이 고여 있었다. 옆 차가 빠르게 지나가며 물을 튀겼고, 순간 시야가 가려졌다. 그때 감정도 함께 튀어 올랐다. '내가 왜 이런 말을 들어야 하지.' 짜증과 자책이 뒤섞였다. 어쩌면 그가 번 돈은 나 같은 사람들의 불안을 먹고 자란 것이었는지도 모른다.

다음 날 아침, 투자한 돈이 아까워 다이어리를 폈다. 그러나 쓸 내용이 떠오르지 않았다. 중요한 미팅도, 거창한 계획도 없었다. 그저 틈틈이 책을 읽고, 글을 끄적이고, 묵상하며 하루를 살아가는 평범한 날들이 전부였다. 커피 한잔 마시는 일상을 적을 수는 없었다. 한참을 바라보다 다이어리를 덮었다. 가치는 돈으로 살 수 없다는 사실을, 그제야 알았다. 다이어리는 책꽂이 구석으로 밀려났다.

나 자신과도 비교하지 않기

가치란 무엇일까. 지난 시간들이 떠올랐다. 짜증을 내던 순간, 화를 참던 순간, 나를 지키려고 애쓰던 날들. 외로움에 기대어 누군가를 찾던 시간들. 결국 그 순간을 버티며, 나는 나를 키워왔다. 백일의 묵언, 백일의 독서, 백일의 글쓰기. 누구의 지시도 아닌 내가 선택한 시간들이었다. 그것은 돈으로 살 수 없는 것이었다.

그는 1억을 벌었다고 했다. 나도 그렇게 될 수 있을 것 같았지만, 남이 만든 길 위에서는 내 가치가 자라날 수 없었다. 잘난 사람과 나를 비교하면 자존심이 무너지고, 나보다 못하다고 여긴 사람과 비교하면 그 자리에 머물게 된다. 그래서 비교를 내려놓았다.

어제의 나와 경쟁하라는 말도 듣지 않기로 했다. 어제의 나 역시 충분히 애썼다. 아무것도 하지 않은 날조차 반드시 필요했던 시간이었다. 조급한 마음은 늘 빠른 변화를 원했지만, 흘려보낸 날들이 있었기에 지금의 내가 있다. 아무것도 하지 않은 날도 필요했고, 감정이 제어되지 않은 날, 실패하고 돌아와야 했던 날들까지 의미가 있었다. 부족해도 괜찮다. 채워지지 않아도 괜찮다. 무계획도 계획이고, 흐름을 타는 것도 하나의 방법이다.

내 가치는 남이 정한 목표가 아니라 내가 걸어온 길에서 만들어진다. 조금 돌아가도, 잠시 멈춰도 괜찮다. 그 시간 속에서 나는 나를 다시 세우고 있다.

감정 온도 기록지

"짜증 뒤를 들여다보면 마음이 들린다."

2부에서 우리는 감정 해석하는 법을 배웠습니다. 이제 오늘의 감정을 천천히 기록해보세요.

1. 오늘 하루, 가장 강하게 느낀 감정은 무엇이었나요?

(예: 짜증, 화, 불안, 슬픔, 즐거움)

____

____

2. 그 감정의 강도는 어느 정도였나요? (0~10)

(예: 8 - 꽤 강하게 느껴짐)

____

____

3. 그 감정 뒤에 숨은 나의 욕구는 무엇이었나요?

(예: 짜증은 혼자 있고 싶지 않은 마음이었다.)

____

____

4. 그 마음은 지금의 나에게 무엇을 말해주고 있나요?

(예: 지금은 잠시 쉬어도 괜찮아.)

____

____

5. 오늘 이 마음을 어떻게 돌봐주면 좋을까요?

(예: 일찍 잠들기, 따뜻한 음식 먹기)

____

____

지금의 감정은, 나를 이해하러 온 신호일지도 모릅니다.

상처 받은 나를 돌보다

내 안에는 외롭고 무서워하던 아이가 웅크리고 있었다.
오랫동안 외면했던 나와 처음으로 나란히 앉았다.
상처받은 나를 안아주는 일, 그것이 회복의 시작이었다.

15

사라지지 않는
어린아이

며칠째 극심한 위경련이 이어졌다. 약을 먹으며 버텼지만 그날은 달랐다. 증상이 없을 수도 있지만 갑자기 심한 고통이 찾아올 수 있다는 의사의 경고가 떠올랐다. 담석증이었다. 자정이 넘어 응급실로 향해 CT를 찍었다. 즉시 입원한 뒤 다음 날 수술을 결정했다. 담즙이 빠져나가지 못해 쓸개가 기다란 소시지처럼 부풀어 경련이 일어난 상태였다. 조금만 늦었으면 터질 수도 있었다.

다음 날, 진료 도중 대학병원으로 옮기라고 했다. 이유를 충분히 듣지 못한 채 또다시 응급실로 이동했다. CT 촬영, 내시경, 코로나 검사까지 전날 받았던 검사를 반복하는 동안 몸이 내 것이 아닌 것처럼 느껴졌다. 통제할 수 없는 상황 앞에서 사람은 이렇게 작아진다는 걸 실감했다.

동틀 무렵이 되어서야 병실을 배정받았다. 가운데 침대에 누우니 사방이 커튼으로 막혀 있어 갑갑했다. 고개를 돌리다 옆자리 커튼 너머로 허전한 기운이 느껴졌다. 커튼을 살짝 젖히자 침대 없는 텅 빈 공간이 드러났다. 빈자리를 따라 시선이 이어졌고 하늘이 보였다. 며칠 동안 못 보았던 높은 하늘이 눈에 들어오니 호흡도 안정되었다.

하늘을 바라보는 순간 지난 몇 해의 장면들이 스쳤다. 예고 없이 찾아왔던 일들, 피할 수 없었던 날들. 그 시간들을 지나오며 나는 조금 가벼워졌고, 조금 더 웃을 수 있게 되었다. 지금의 아픔도 그렇게 지나갈거라는 믿음이 생겼다.

고통이 주는 선물

검사 결과, 십이지장궤양 흔적 때문에 내시경 치료는 불가능했다. 옆구리에 호스를 꽂아 담즙을 빼야 했고, 그것이 대학병원으로 옮겨온 이유였다. 부분 마취 후 시술이 시작됐다. 차가운 침대에 누우니 정신이 또렷해졌다.

시술 중간중간 의사의 목소리가 들렸다.
"아파요."
그 말이 들릴 때마다 몸이 움찔했다. 고통의 진도를 대신 읽어주는 신호처럼 들렸다. 곧 끝나겠지 싶었지만, 그 말은 길게 이어졌다. 고통이 반복될수록 몸과 마음이 분리되는 기분이 들었다. 멀리서 나를 바라보는 느낌이었다.

긴 시간이 지나 시술이 끝났다. 병실로 돌아오니 옆자리 주인도 돌아와 있었다. 할머니였다. 간호사는 산소호흡기를 빼지 말라고 몇 번이나 당부했지만, 할머니는 정신이 들 때마다 호흡기를 빼셨다. 잠들 듯 말 듯 할 때마다 경고음이 울렸다. 살을 뚫은 통증과 기계음이 뒤섞인 밤이었다.

그 기계음을 들으며 아버지가 떠올랐다. 경고음은 통통배의 엔진 소리처럼 들렸다. 아버지가 아끼던 나무배였다. 가을이면 장어를 잡고, 겨울이면 김과 매생이를 뜯어 식탁을 채워주던 배. 아버지는 삶을 즐기는 분이셨다. 밤바다에서 낚시를 하시고 느즈막에 노인대학에서 춤도 배우셨다.

엄마가 돌아가신 이듬해, 태풍 바람이 세차게 불던 새벽 고향으로 향했다. 엄마 없는 집은 낯설고 차가웠다.
"배도 다 망가졌을 것이야."
아버지는 안방에 앉아 바람 부는 먼 산을 바라보며 힘없이 말했다. 마

루가 냉골이었다. 더 앉아 있기 힘들어 점심 한 끼 겨우 때우고 돌아섰
다. 그날이 고향집에 계신 아버지를 본 마지막이었다.

사라지지 않는 마음

할머니는 왜 계속 호흡기를 빼셨을까. 할머니도 한때는 어린아이였
다. 웃고. 꿈꾸고, 무언가를 기다리던 시간들. 전쟁과 가난을 지나며 모
든 걸 스스로 감당해야 했던 세월. 그런 사람에게 기계의 숨결에 의지하
는 일은 얼마나 낯설었을까. 그러다 문득 생각했다. 할머니도 아버지처
럼, 끝까지 지키고 싶은 방식이 있었을지 모른다고.

산소호흡기를 떼는 할머니의 고집은 스스로 숨 쉬며 살아온 시간의
흔적처럼 보였다. 평생 홀로 감당해온 세월이 그 손짓에 담겨 있었다.
이해의 시선이 닿자 소음은 더 이상 거슬리지 않았다. 불편함 대신 안쓰
러움이 남았다.

다음 날 아침, 2주 뒤 다시 입원하라는 안내를 받고 퇴원 수속을 했다.
짐을 들고나오는 길 또다시 삐삐삐 소리가 들렸다. '할머니 힘내세요.'
조용히 마음을 전달하며 병실을 나섰다.

회복하는 동안 할머니 생각이 자주 났다. 어린아이는 아프면 울고, 무

서우면 떨고, 억울하면 화낸다. 그 마음은 나이가 들어도 사라지지 않는
다. 할머니의 호흡기 제거는 소리 없는 울음이었다. 그제야 사람들의 마
음이 보였다. 인정받고 싶은 마음, 외로움을 견디는 마음, 그리고 그 안
에 남아 있는 어린아이.

그날 이후로 사람을 보는 눈이 조금 달라졌다. 화를 내는 사람, 고집
센 사람, 무뚝뚝한 사람들 속에서도 그들 안의 어린아이가 있다는 걸 알
게 되었다.

16

영화 속에서
나를 발견하다

#접촉

영화를 좋아하지 않았다. 닫힌 공간과 통제된 시간, 낯선 이야기 속에 들어가는 일이 불편했다. 불 꺼진 영화관은 답답했고, 긴 시간 한자리에 앉아 있는 것도 괴로웠다. 무엇보다 어둠이 싫었다.

태어난 집 뒤에는 작은 숲이 있었다. 송충이가 담벼락을 점령한 집은 해가 넘어가면 짙은 어둠에 잠겼다. 밤이 깊어질수록 낮에 보았던 송충이가 떠올랐고, 그 짧은 기억 하나가 나를 안으로 닫히게 만들었다.

영화 리뷰를 읽다 문득 깨달았다. 영화도 결국 작은 생각에서 출발한 이야기라는 것을. 무섭다며 고개를 돌린 질문을 끝까지 붙잡아 메시지를 담아낸다는 사실이 흥미로웠다. 누군가는 내가 무서워하던 송충이로 새로운 세계를 펼친다. 영화는 닫힌 공간에서 세계를 열어가는 작업이었다. 그때서야 영화가 내면의 시간을 다루는 예술이라는 걸 알았다.

과거의 나에게 손을 내밀다

뒤늦게 〈인터스텔라〉를 보았다. 우주 이야기가 신비로웠다. 특히 주인공이 블랙홀 속에서 시간을 넘어 어린 딸에게 메시지를 전하던 순간은 더 이상 스크린 속 이야기가 아니었다. 마치 현재의 나를 보고 있는 듯했다.

과거와 현재가 서로에게 손을 내밀고 있었다. 가슴이 서늘해지며 짜릿함이 스쳤다. 영화는 시간의 이야기이면서 동시에 나의 이야기였다. 지금의 내가 과거의 나에게 말을 건넬 수 있다면, 어둠을 무서워하던 아이에게 무엇을 전해줄 수 있을까.

영화가 끝난 뒤에도 그 장면이 오래 머물렀다. 블랙홀 속에서 손을 뻗던 주인공처럼, 나 역시 과거로 손을 뻗을 수 있을까. 그 질문 이후, 기억을 다시 보기 시작했다. 바라보는 방향이 달라지자 암흑 같던 기억에 빛이 들었다. 빛의 각도에 따라 색이 달라지듯, 아픈 상처들이 다른 얼굴을 드러냈다.

어느 날 동요를 들었다. 〈고향의 봄〉이었다. "나의 살던 고향은 꽃피는 산골" 아이들의 맑은 목소리가 오래된 기억문을 열었다. 언니의 따뜻한 등, 이불에 태워 서울 구경 시켜주던 날, 개울가에서 물놀이하던 순간들. 엄마처럼 챙겨주던 언니, 귀엽다며 아껴주던 언니, 사춘기 소녀들의 깔깔거리는 웃음소리가 하나둘 떠올랐다. 나는 일곱 남매 중 막내였다. 나이 차가 컸다. 터울 없는 언니들끼리는 경쟁이 있었을지 몰라도, 나를 향한 시선에는 사랑이 있었다. 노래 덕분에 환하게 웃는 어린 나를 보았다.

풍요를 이야기하던 지인은 어린 나에게 풍요를 입혀주라고 했다. 그동안 나는 외롭고 궁핍한 아이를 안쓰럽게만 바라보고 있었다. 그 아이를 부족함이 아니라 풍족함으로 바라보라는 말이었다. 처음엔 그 의미가 쉽게 닿지 않았다. 그러다 다른 모임에서 공황 장애 이야기를 들었다. 어둠 속에서 눈을 뜨는 순간 공포가 몰려와 숨쉬기가 어려웠다는 말에 잊고 있던 오래전 밤이 떠올랐다.

호흡의 방향을 바꾸다

고등학생 때였다. 잠들다 무언가 가슴을 짓누르는 느낌에 숨이 막혔다. 몸은 움직이지 않았고, 이대로 죽는 건 아닐까 두려움이 밀려왔다. 눈물이 흘렀다. 한참을 몸부림친 다음 겨우 숨이 돌아왔다. 그날 이후 밤이 두려워졌다. 어둠이 깊은 시간에 깰까 봐 겁이 났다.

어느 날 친구 집에서 자게 되었다. 누군가와 함께 있다는 사실만으로도 든든했다. 하지만 그날도 호흡곤란은 찾아왔다. 혼자가 아닌데도 찾아온 숨 막힘은 고요 속에서 다가오는 죽음의 손길 같았다. 어두운 방에서 우두커니 앉아 목을 움켜쥔 채로 두 볼의 차가움을 느끼다 그대로 잠들었다. 신기하게도 그날 이후 호흡곤란은 자취를 감췄다.

어느 새벽, 눈이 떠졌다. 시계는 2시를 가리키고 있었다. 다시 잠들려다 문득 어린 나에게 풍요를 입혀주라는 말이 떠올랐다. 숨이 막히던 그 밤 떨고 있던 아이에게 가까이 다가가 차분히 말을 건넸다.

'천천히 숨을 들이마시자.'

공기가 없는데 자꾸 내쉬려 하니 더 힘들었던 것이다. 아이의 등을 어루만지며 속삭였다. '천천히, 후-'

과거와 현재가 맞닿는 순간 어두웠던 기억에 빛이 스며들었다. 지금의 내가 그때의 나를 보듬자 수면 불안이 사라졌다. 나를 안아주는 것만으로도 과거의 기억이 한결 편안해졌다. 멀리서만 바라보던 아이가 가까이 다가왔다. 고통을 견뎌내기만 하던 어린 나를, 기억 저편에 밀어놓았던 어린 나를 비로소 품기 시작했다.

17

모탕은
말이 없다

선선한 바람에 가을이 배어 있다. 어스름한 저녁 공기를 들이마시면 코끝에 장작 냄새가 스미고, 타닥타닥 소리가 함께 밀려온다. 그 냄새와 소리는 언제나 따뜻함과 그리움을 불러낸다.

가을이면 아버지는 분주하셨다. 추수도, 밤낚시도, 월동 준비도 손에서 놓지 않으셨다. 저녁 식사 전에는 윗도리를 벗고 깡마른 몸으로 도끼를 드셨다. 팔을 들어 올릴 때마다 숨이 찼고, 기압이 실린 도끼는 망설임도 없이 내리꽂혔다. 쩍 하는 소리와 함께 장작은 양쪽으로 굴렀고, 도끼는 모탕에 깊이 박혔다.

그때는 몰랐다. 도끼질을 받아내는 나무토막이 수백 번의 고통을 말

없이 견뎌내는 침묵의 받침대라는 것을. 찍힌 상처 자국은 다음 장작을 받쳐주는 자리가 되었고, 그렇게 모탕은 계속 그 자리에 남아 있었다.

모탕이 찍히는 건 당연한 일처럼 보였다. 수없이 찍히면서도 늘 그 자리에 있는 바보 같은 존재. 그리고 나도 모탕 같았다. 결혼 후 날카로운 말과 행동을 그대로 받으며 가만히 있었다. 부모님이 가슴 아파하실까 봐, 아이들에게 상처가 될까 봐 참고 또 참았다.

하지만 모탕은 참기만 하지 않는다. 도끼가 박힌 자리엔 흔적이 남고, 날카로운 도끼질에는 파편이 튄다. 참고 삼켜두었던 말들은 어느 순간 날카로운 조각이 되어 튀어나왔고, 억눌렀던 감정은 예상치 못할 때 쏟아졌다.

침묵이 남긴 흔적

"있잖아…."

지인들 앞에서 속상한 말을 토해냈다. 남편에게서, 시댁에서 받은 말들을 참았다가 뒤에서 흘려냈다. 처음에는 말하고 나면 조금 가벼워졌다. 하지만 반복될수록 남들에게 보인 상처가 마음에 걸렸다. 그럼에도 멈출 수 없었다. 꽉 찬 고름은 짜내지 않으면 썩으니까.

묵언을 시작한 다음 생각이 손끝으로 흘러나왔다. 글로 옮겨진 마음을 바라보며 과거를 관찰하고 분석하는 일이 낯설게 재미있었다. 복잡한 문제의 실마리가 과거에서 드러나기도 했다. 시야는 넓어졌지만, 나는 여전히 '이렇게 참았어.'라는 말을 놓지 못하고 있었다. 그 호소는 투정처럼 보였을지도 모른다.

모탕은 도끼질을 받아도 말이 없다. 억울함을 증명하려 하지 않는다. 말없이 그 자리에 버티는 존재다. 나도 원인 캐묻는 일을 잠시 멈췄다. '왜 그럴까?' 대신 '그럴 수도 있겠구나!'라고 받아들이기 시작했다.

받은 고통만 있는 게 아니다. 준 고통도 있었다. 그 사실을 알아차리자 상처는 조금씩 가라앉았다. 누가 알아주지 않아도 아픔은 진짜였고, 인정받지 못해도 힘들었던 건 사실이다. 그렇다고 나만 힘들었다고도 할 수 없었다.

생각이 바뀌어도 가족과의 관계는 지금도 쉽지 않다. 일방적인 관계는 소통을 막는다. 도끼와 모탕의 관계는 더 위험하다. 나는 모탕이라 믿었지만, 나 역시 도끼다. 찍히면 참지 않고, 날카로운 말과 침묵으로 되갚는다. 가족은 서로에게 도끼이자 모탕이다. 묵언 이후 달라진 내 태도는, 그들에게 또 다른 도끼질처럼 느껴졌을지도 모른다.

모탕의 상처는 한탄이 아니라 흔적이다. 도끼 자국은 분명히 남아 있지만, 그 흔적 덕분에 더 단단해진다. 다음 장작이 미끄러지지 않도록 더 깊이 받쳐줄 수 있게 된다.

나는 모탕이었다. 과거에는 참는 모탕이었지만, 이제는 오해하지 않고 있는 그대로 받아주는 모탕이 되고 싶다. 상처는 변한다. 난지도가 그랬듯, 버려진 자리에서도 결국 숲은 자란다.

18

이제는 내가
널 지켜줄게

우리 안에는 어린아이가 있다. 외롭고, 무섭고, 보호받고 싶던 그 아이. 처음 내면 아이를 만나려 책상에 앉았을 땐 아무것도 떠오르지 않았고, 어린 시절도 보이지 않았다.

잊힌 시간이 있다. 어쩌면 망각은 선물인지도 모른다. 모든 일을 다 기억한다면 우리는 오늘에 집중할 수 없을 테니까. 보이지 않던 과거를 오래 바라보며 기다렸다. 그러다 마침내 초라한 아이가 모습을 드러냈다. 가까이 가서 안아주고 세워주고 싶었지만 쉽지 않았다. 그 아이를 마주하는 순간, 내가 얼마나 외로웠는지를 인정해야 했기 때문이다. 과거의 나를 만나는 데도 용기가 필요했다.

나는 환영받지 못한 아이였다. 딸 다섯을 내리 낳은 뒤 아들을 얻었다. 그리고 몸이 안 좋은 엄마는 산후조리를 다시 하면 몸이 회복된다는 말을 듣고 나를 낳으셨다. 아버지는 "또 딸이냐."며 출생신고를 미루셨고, 그 사실을 고등학생이 되어서 알았다. 자격증 시험을 보려고 주민등록번호를 확인하다 생년월일이 이상하다는 걸 안 것이다. 한 해 일찍 학교에 들어갔는데, 친구들과 두 해 차이가 났다. 이유를 묻자 아버지는 멋쩍게 웃으며 사과부터 했다. 이어진 말은, 딸이라 창피해 신고를 미뤘고 벌금이 아까워 이듬해 생일에 맞춰 이장에게 부탁했다는 이야기였다. 그 말을 듣는 순간 서운함이 밀려들었다. 일곱 남매 중 나만 신고가 늦었으니까.

환영받지 못한 아이

환영받지 못한 순간은 누구에게나 있다. 출생의 문제가 아니어도 거절당한 기억이나 무시당한 말 한마디, 혼자 남겨진 느낌이 그렇다. 그런 기억은 어른이 되어서도 몸 어딘가에 남아, 때때로 이유 없이 움츠러들게 한다.

아버지가 싫었다. 태어나자마자 느낀 거부감 때문이었을까. 오래된 원망이 있었다. 그런데 언니들은 아버지의 사랑을 기억하고 있었다. "너 울면 우리가 얼마나 혼났는데." 그 말에 잊고 있던 장면이 떠올랐다. 소

나무에 그네를 만들어주시던 아버지. 줄을 당겨보고, 내가 앉을 자리를 살피고, 수십 번 확인하던 손길. 막둥이 그네라며 웃던 얼굴. 그 미소가 아직도 선명했다.

분명 사랑받았는데, 어깨를 잔뜩 움츠린 채 눈물에 젖은 아이가 있었다. 꼭 쥔 두 손에는 땟물이 흘렀다. 나는 한동안 다가가지 못하고 그저 바라보기만 했다. 언니들이 도시로 떠난 뒤 시끌벅적하던 집은 순식간에 적막해졌고, 아이는 그 고요 속에 홀로 남았다. 한 뼘 남짓한 작은 어깨는 기대고 싶어도 기댈 곳이 없었고, 엉킨 머리카락에는 손길이 닿지 않은 채 자라버린 외로움이 보였다. 그럼에도 아이는 울지 않았다. 가만히 버티고 있었다.

그제야 알았다. 아이가 원한 건 특별한 관심이 아니라, 곁에 머물러주는 일이었다. 함께 있어 주는 것. 그 마음을 이해하자 오래된 허전함이 조금씩 녹아내렸다. 엄마의 무심함은 사랑이 부족해서가 아니라 아픔이 너무 깊어서였다. 저녁마다 약을 삼키던 엄마의 모습이 떠올랐다.

버텨줘서 고마워

나는 너무 일찍 혼자의 마음으로 살아야 했던 아이였다. 한 번의 만남으로 모든 것이 달라지지는 않았다. 며칠 뒤 다시 마루에 앉았다. 아이는 여전히 웅크린 채였다. 나는 아무 말 없이 옆에 앉아 함께 허공을 바라보았다. 고요가 쌓일수록 마음의 거리는 조금씩 좁아졌다.

어느 날, 작은 손이 내 손을 잡았다. 차갑고 떨리는 그 손을 꼭 잡으며 마음속으로 말했다.
'버텨주어서 고마워. 이제는 내가 지켜줄게.'
그날 이후 아이의 눈에 하늘이 들어왔다. 구름이 흘러가고, 그림자가 춤추는 모습이 보였다. 자연이 친구가 되어주었다. 더 이상 혼자가 아니었다.

내면 아이를 돌보는 일은 한순간에 끝나지 않는다. 지금도 가끔 그 아이는 웅크린다. 이유 없이 기운이 꺼질 때, 설명할 수 없는 우울이 찾아올 때면 다시 아이의 곁에 앉는다. 아무 말 없이, 함께 머문다.

가슴 깊은 곳에 차가운 바람이 스민다면, 내면 아이가 웅크리고 있기 때문일 것이다. 사랑받지 못한 시간이라 해도, 버텨낸 기억 어딘가에는 따뜻함이 남아 있다. 사랑의 기억은 누가 찾아주는 것이 아니라, 스스로 발견해내는 것이다.

19

고개를 들어
세상을 보다

#용기

해를 향해 고개를 들다

두려움은 시선을 아래로 끌어내린다. 부족함만 보이게 하고, 안 되는 이유를 떠올리게 하며, 결국 숨고 싶게 만든다. 그 시선으로 살던 때가 있었다.

아들과 학교에서 공놀이를 하다 잠시 쉬고 있는데, 유치원생쯤 되어 보이는 아이가 할머니에게 "절대 놓지 마!" 하고 소리치며 비틀비틀 자전거를 타고 있었다. 자전거를 붙잡은 할머니는 허리를 잔뜩 숙인 채 엉거주춤 걷고 있었고, 이마에는 땀방울이 맺혀 있었다. 동네에서 장사하시는 분이었다. 잠시 망설이다가 도와주겠다고 했다. 아이는 낯선 사람을 경계하면서도 눈빛은 호기심으로 반짝였다.

나는 오빠가 남기고 간 짐자전거로 혼자 배웠다. 처음에는 그 자전거가 싫었다. 외아들이 특혜를 누리는 모든 것이 미웠기 때문이다. 하지만 주인이 서울로 떠나고 아무도 관심을 두지 않는 자전거가 어느 순간 마음을 끌었다. 나처럼 외로워 보였다. 그날부터 친구가 되었다. 높은 안장에 올라 뒤뚱거리며 연습했고, 수십 번 넘어지며 균형을 익혔다.

자전거는 뒤에서 붙잡아주면 오히려 위험하다. 힘이 조금만 어긋나도 둘 다 넘어지기 쉽다. 스스로 균형을 잡아야 한다. 나는 아이의 두 발이 땅에 닿도록 안장을 낮춰주고 천천히 걸어보라고 했다. 서산으로 기우는 해를 가리키며, 시선은 아래가 아니라 멀리 보아야 한다고 했다.

몇 번 반복하자 흔들리던 팔이 안정되고 바퀴는 부드럽게 굴렀다. 브레이크 잡는 법을 알려주고 오른쪽 페달을 올려주며 말했다.
"고개 들고, 오른발에 힘을 줘."
처음엔 휘청거렸지만 다시 시도한 아이는 그대로 운동장을 한 바퀴 돌았다. 몇 바퀴를 더 돌자 균형이 잡혔다. 안장 높이를 맞춰주고 나니, 10분도 채 걸리지 않았다.

시선이 아래로 향하던 시간

수치심은 비교에서 자란다. 나의 최선이 누군가에게는 평범함에도 못

미치는 순간 자존감은 쉽게 낮아진다. 아이에게 자전거를 가르쳐주던 무렵, 생활비는 늘 빠듯했고 냉장고에 붙은 고지서와 학원비 영수증을 볼 때마다 한숨이 나왔다. 밤이 되면 생각은 자연스럽게 돈으로 흘러갔다.

퇴근 시간이 한참 지나 남편이 들어오면, 눌러두었던 감정이 불쑥 튀어나왔다. "왜 이렇게 늦어!" 하며 목소리를 높였다. 그는 한숨을 쉬었고, 아이들은 내 눈치를 살폈다. 차가운 공기 속으로 죄책감이 스며들었다. 늘 그랬다. 다음 날 아이들이 없는 시간에 할 수 있는 일을 찾았지만, 원하는 시간대 일자리는 보이지 않았다. 지인을 통해 부업을 소개받아 작은 방에 책상을 펴고 쪼그려 앉았다. 휴대폰 부품을 만드는 일이었다. 수입은 한 시간에 1,000원 남짓이었지만, 일이 있다는 사실만으로도 위로가 되었다.

그럼에도 시선은 여전히 바닥을 향했다. 없는 것, 부족한 것, 안 되는 이유만 보였다. 결핍은 늘 나를 물러나게 했다. 학원 가기 싫다는 아이의 투정에도 설득하지 못했다. 아이에게는 미안했고, 사람들에게는 부끄러웠다. 무엇을 해야 한다는 마음과 두려움이 뒤섞여 마음이 흔들렸다.

'없다'는 말의 진실

몇 해 전 한 교육에서 질문을 받았다. 스트레스가 있느냐는 물음에 없다고 답하고, 어려운 점이 있느냐는 질문에도 답은 같았다. '없다'는 말이 입에 붙어 있었다. 트라우마를 타임캡슐로 바꾸면서 과거가 가벼워졌고, 문제 덕분에 성장한다는 것도 알게 되었기 때문이다. 한발 물러서서 시선을 넓히고, 문제 안에서 기회를 찾기도 했다.

나무는 바람이 없으면 뿌리를 내리지 않고, 사람은 마음이 흔들리지 않으면 움직이지 않는다. 고지서를 붙들고 답답해하던 시간, 학원비를 걱정하던 순간들이 나를 움직였다. 문제 때문이 아니라 덕분이었다. 그래서 정말로 없다고 믿었다. 스트레스도, 어려움도. 하지만 그것은 없어서가 아니라 인정하기 두려워서였다.

나는 없다고 말하며 스스로를 속이고 있었다. 문제를 받아들이면 모두 괜찮아지는 줄 알았는데 그게 전부는 아니었다. 문제는 무거운 짐과 같다. 들고만 있으면 몸이 지친다. 그렇다고 아무 데나 내려놓을 수도 없다. 내가 들어야 할 짐인지, 내려놓아야 할 짐인지, 어디에 두어야 할지 판단하려면 시간과 상황을 바라보는 시선이 필요하다. 무엇보다 중요한 것은 문제를 바라보는 내 마음에 질문을 던지는 일이다.

문제를 알아차리는 순간 움직임이 시작된다. 자전거를 타고 싶었던 아이처럼 나도 문제 앞에서 고개를 들기 시작했다. 의식적으로, 억지로라도.

'지금 할 수 있는 일은 무엇일까?'

이 질문 하나가 방향이 되었다.

자전거 탈 때 달리는 길에 확신이 없으면 핸들이 흔들리듯 삶도 그렇다. 목적지는 몰라도 눈앞의 길은 믿어야 했다. 바닥 대신 조금 앞을 보기 시작했다. 채워지지 않은 것을 바라보는 대신 지금 가진 것을 보았다. 따뜻한 커피 한잔의 여유, 마음껏 누릴 수 있는 하늘, 다시 시작할 수 있는 오늘 그리고 아직 움직일 수 있는 마음. 문제 한가운데서도 잠깐의 여유는 평온을 만들어주었다.

자전거는 달려야 서고, 맞바람이 불어도 균형을 잡으면 넘어지지 않는다. 삶도 마찬가지다. 균형은 멈춤이 아니라 움직임 속에서 잡힌다. 넘어지지 않으려 애쓰던 시간에서 벗어나, 이제는 흔들리며 가는 법을 배우고 있다.

두려움은 고개를 숙이게 하지만 용기는 고개를 들게 한다. 마음이 보이지 않을 때면 스스로에게 묻는다. 지금 내 마음은 괜찮은지. 두려우면 안아주고, 호기심이 일어나면 그 마음을 따라 한 걸음 나아간다.

20

외로움과
함께 앉는 연습

나를 받아주다

밤이 깊었다. 불을 끄고 어두운 방에 앉아 있으니 묘하게 쓸쓸했다. 즐거웠던 하루가 지나자 공허가 밀려왔다. 외로움은 혼자 있을 때만 오는 게 아니었다. 사람들과 웃으며 대화하다가도 바람이 스미는 순간이 있었다.

혼자가 싫어서 사람을 찾았는데 사람들 틈에서 더 외로워졌다. 말을 많이 하면 후회가 남았고 듣기만 하면 무거워졌다. 혼자 있으면 외롭고, 함께 있으면 지쳤다. 어디에 있어도 제 자리를 찾지 못한 느낌이었다.

말투가 단호하다는 말을 들었다. 그저 생각을 전달했을 뿐인데, 내 진심은 종종 딱딱하게 들렸다. 이해받지 못한 서운함 속에는 사실 사랑받고 싶은 외로움이 숨어 있었다. 외로움이 싫어 사람을 붙잡고, 사람이 버거워 다시 물러섰다. 그 사이에서 마음이 닳아갔다. 그러다 깨달았다. 나를 받아줄 누군가를 찾기 전에 나부터 나를 받아줘야 한다는 것을.

'받아줘.'라는 말이 있다. 누군가에게 무엇을 건넬 때 우리는 받아달라고 말한다.

어린아이는 엄마의 말을 잘 받아준다. 엄마가 "오늘 날씨 좋네." 하면 창문으로 달려가고, "맛있겠다." 하면 함께 웃는다. 아이가 받아줄 때 엄마는 편안함을 느낀다. 상대가 받아주면 주는 사람의 에너지가 잘 흐른다.

그런데 사춘기 아이는 엄마 말을 받아주지 않는다. "알았어요."라고 대답하지만 눈빛은 딴 곳을 향한다. 그럴 때 불편한 건 아이가 아니라 엄마다. 받지 않으면 주는 사람이 불편해진다. 에너지가 전달되지 않았기 때문이다. 잘 받는 것이 좋은 에너지를 주는 것이다.

나는 나 자신을 받아주지 못했다. 외로움이 찾아오면 밀어냈고, 단호한 말투가 나오면 부끄러웠다. 불편한 내 모습을 외면했다. 사춘기 아이가 엄마 말을 받아주지 않듯이, 나도 나를 받아주지 않았다. 그러니 내 안의 에너지는 갈 곳이 없었다.

나를 온전히 받아주기 위해 외로움을 밀어내는 대신 옆자리를 내주었
다. 처음엔 어색했지만 함께 앉으니 외로움의 무게가 조금 가벼워졌다.
그 고요 속에서 내 말투가 왜 단호해졌는지도 보였다. 딱딱한 억양은 누
군가를 바꾸려는 게 아니라 나를 지키는 목소리였다.

외로움의 성장

그날 밤 산책을 나섰다. 창문마다 불빛이 켜져 있었다. 이십 년 가까
이 살아온 동네였지만 술 한잔 같이할 친구는 떠오르지 않았다. 휴대폰
연락처를 훑어봐도 지금 이 순간을 나눌 사람은 없었다. 그래도 괜찮았
다. 혼자 걸어도 길은 나를 데려갔다. 문제는 외로움 자체가 아니라, 외
로움을 거부하려는 나의 태도였다. 그래서 이름을 바꿔 불렀다. 고독이
라고. 외로움은 채워야 할 것 같았지만, 고독은 이미 충만했다. 견뎌야
할 시간이 누리는 시간이 되었다. 같은 시간인데 이름이 달라지자 감각
도 달라졌다.

이제는 단호하다는 말을 들어도 자존심이 먼저 반응하지 않는다. 대
신 어떻게 해야 더 부드럽게 닿을지, 지금 해야 할 말인지 한 번 더 묻는
다. 혹시 간섭은 아닐지 살핀다. 말이 차갑게 들린다고 해서 마음까지
차가운 건 아니니까. 간섭이라면 멈추는 게 맞으니까.

외로움을 받아주자 고독 속에서 나를 바라보는 눈이 자랐다. 그 눈으로 세상을 보니 사랑도, 사람도, 나 자신도 다르게 보였다. 외로움은 나를 고요하게 기르는 시간이었다.

21

가능성은
비워진 자리에서

#결핍

전공도, 인맥도, 실력도, 돈도 없었다. 늘 부족한 사람처럼 살았다. 없는 게 많아서 부끄러웠고, 환경이 안 됐다고 변명하면서 원망도 했다. 그런데 이상하게도 나를 부러워하는 사람들이 있었다. 딸이 있고, 아들이 있고, 안정적인 가정이 있다고. 특히 자상한 남편을 부러워했다. 웃으며 넘겼지만 속으로는 고개를 저었다.

눈에 보이는 것이 전부는 아니다. 사실일 수도 있고 가면일 수도 있다. 삶은 균형을 요구한다. 있음과 없음. 그리고 그것을 바라보는 시선까지. 내 시선은 늘 '없음' 쪽으로 기울어 있었다. 없다고 말할수록 없음은 더 커졌다.

학교 다닐 때 늘 차비만 있었다. 용돈이 부족해 군것질이 하고 싶을 때면 차비를 아끼거나 학용품 핑계를 댔다. 엄마를 속였다고 여겼지만, 사실은 엄마가 속아준 것이었다는 걸 아이들 키우며 알았다.

첫 직장 다닐 때 돈 쓰는 법을 몰랐다. 언니의 권유로 적금을 하나 들고 나머지는 계획 없이 흘려보냈다. 첫 여름휴가에 엄마 손을 잡고 시장에 갔다. 어린 시절 엄마의 시간은 늘 부족했다. 들과 바다를 오가던 뒷모습만 보며 자랐는데, 내가 집을 떠난 뒤에야 엄마에게 여유가 생겼다. 그 시간이 귀해 손을 꼭 잡았다. 거칠지만 따뜻한 손이었다.

그날 엄마는 오직 나를 위해 장을 봤다. 오랜만에 열린 오일장은 활기찼다. 이것저것 살피던 엄마는 어느 가게 앞에서 멈췄다. 200원을 두고 흥정이 시작됐다. 깎으려는 엄마와 단호히 버티는 주인의 실랑이가 한참 이어졌다. 결국 엄마가 이겼다. 금방이라도 다툼이 날 듯했지만, 계산이 끝나자 두 사람은 웃으며 서로의 안부를 물었다. 오래된 친구처럼.

그때 200원은 내게 돈도 아니었다. 양말 하나에도 몇천 원을 쓰던 나와 달리, 엄마는 적은 돈을 아꼈다. 밭 한 평 없어 남의 밭일을 다니며 조금씩 살림을 늘려온 엄마의 시간이 느껴졌다. 그날 이후 아껴야겠다고 마음먹었다. 하지만 나는 아끼는 사람이 아니라 없을 때를 대비하는 사람이 되어갔다.

언제든 무너질 수 있다는 전제를 안고 살았다. 지갑을 열기 전 다음 달을 먼저 걱정했다. 아이들 학원비, 월세, 병원비, 대출 이자. 늘 비상을 대비했다. 준비물은 최대한 저렴한 것을 골랐고, 카페에서 커피 한잔의 여유는 꿈도 꾸지 못했다.

가능성은 비워진 자리에서

이상했다. 아끼고 또 아껴도 돈은 늘 모자랐다. 그것은 절약이 아니라 두려움이었다. 부족함을 메우려 움켜쥘수록 모래처럼 빠져나갔다. 같은 절약이라도 뿌리는 다르다. 작은 것을 소중히 여기는 사람이 있고, 없을까 봐 움켜쥐는 사람도 있다. 나는 후자였다. 늘 없다고 말하며, 결국 없음 속에 머물렀다.

없음이 괜찮아지기까지는 느린 시선의 변화가 필요했다. 나쁜 건 없기를 바라면서도 좋은 건 많기를 바랐다. 보이지 않는 건 중요하지 않았고, 돈이 없다고 불안했고, 인맥이 없다고 위축됐고, 실력이 없다고 자책했다.

그러다 어느 순간 있음이 보였다. 쉴 수 있는 집, 따뜻한 물, 배고프면 먹을 쌀, 냉장고의 반찬. 도서관 카드 한 장이면 세상의 지혜를 빌릴 수 있었고, 걷고 싶으면 신고 나갈 운동화도 있었다. 낡았어도 발을 보호해주는 신발이 있다는 건 축복이었다.

내 땅이 없어도 산책은 자유로웠다. 동네 뒷산은 모두의 것이었고, 여행을 못 가도 하늘은 늘 머리 위에 있었다. 열린 창문으로 쏟아지는 햇살 아래에서 숨을 쉬며, 비로소 공기와 생각처럼 보이지 않는 것들의 필요를 알게 되었다. 있음과 없음은 결국 마음의 시선이었다. 필요한 것이 필요한 순간에 있음을 아는 것, 그게 진짜 풍요였다.

나도 가능성이 있을까. 있다. 가능성은 비워진 자리에서 자란다. 하려는 마음, 배우려는 마음, 살아보려는 마음. 욕망은 결핍의 또 다른 이름이다. 그 결핍을 품고 여기까지 왔다. 바로 그것이, 이미 내 안에 존재하던 가능성이었다.

내 안의 아이에게 편지 쓰기

"버텨주어서 고마워. 이제는 내가 지켜줄게."

3부에서 우리는 내면아이를 만났습니다. 이제, 당신 안에 있는 그 아이에게 편지를 써보세요.

1. 내 안의 어린아이는 몇 살쯤 되어 보이나요?

(예: 8살 - 언니들이 떠난 뒤 혼자 남아 있던 시기)

____

____

2. 그 아이는 지금 어떤 마음으로 나를 바라보고 있을까요?

(예: 외롭다, 무섭다, 사랑받고 싶다.)

____

____

3. 그 아이에게 꼭 해주고 싶은 말이 있다면 무엇인가요?

(예: 혼자가 아니야, 이제는 내가 곁에 있어.)

____

____

4. 그 아이가 지금의 나에게 전하고 싶은 말은 무엇일까요?

(예: 나를 잊지 말아줘.)

____

____

5. 오늘 하루, 내 안의 아이를 어떻게 돌봐주면 좋을까요?

(예: 좋아하던 간식 먹기, 그림 그리기, 천천히 산책하기)

____

____

내 안의 아이는, 언제나 나를 기다리고 있습니다.

다가가는 속도는 지금의 내가 정해도 괜찮습니다.

4부

인생 2막,
나답게
사는
연습

안개 속을 걸었고, 길을 잃었고, 다시 방향을 찾았다.
억지로 밀어붙이는 대신 흐름을 따라가기로 했다.
삶의 리듬에 맡기자 비로소 나답게 걸을 수 있었다.

22

안개가 전한
선물

#회복력

새벽이 남긴 것

새벽 5시, 차가운 거실 바닥에 앉았다. 공기가 무거웠다. 무엇을 좋아하는지, 무엇을 할 때 편안한지, 어떤 일을 해야 하는지 묻고 또 물으며 달린 지 일 년이 되었을 때다. 매일 새벽 같은 질문을 반복해도 미래는 보이지 않았다.

창밖은 아직 어두웠다. 누구도 자기 인생의 겨울을 피해갈 수는 없다. 얼어붙은 땅속에서도 뿌리는 자라고, 꽃이 피기 전에 나무는 오랜 시간 침묵한다. 그 새벽은 내게 그런 겨울이었다. 아무것도 움트지 않는 것처럼 보였지만, 뿌리는 움직이고 있었다.

책상 앞에 앉았다. 노트를 펴고 '오늘'이라는 단어를 썼다. 그리고 문장이 이어지지 않았다. 부엌으로 가 물을 끓이고, 커피를 타 양손으로 감쌌다. 따뜻함이 손끝에 닿자 다시 앉아 무엇을 좋아하는지 적어 내려갔다. 바람, 하늘, 조용한 새벽. 매일 만나면서도 소중하게 여기지 않았던 일상의 풍경들이었다.

동 트기를 기다리며 무엇을 할 때 편안한지 물었다. 멍하니 있을 때, 혼자 걸을 때였다. 나는 혼자 있는 시간이 필요한 사람이었다. 조용히 생각하고 천천히 정리하며 시간 속에 공간을 만드는 순간들, 자연과 닿아 있던 시간들은 늘 곁에 있었지만 그 가치를 몰랐다. 그런데 진짜 궁금한 질문이 남아 있었다. 어떤 일을 해야 하는가였다.

흔들림 속에서 세운 질서

방향을 찾기 위해 방황하던 어느 날, 대리점에 새로운 주인이 왔다. 직영이 대리점으로 바뀌면서 도와달라는 요청을 받았다. 순간 자존심이 일었지만 생계가 먼저였고, 코로나 분위기도 심상치 않았다. 내가 원하는 방향에 대한 확신도 없었다. 그래서 시간을 두기로 했다.

나는 자발적으로 움직이며 일해왔다. 도움이 될 일을 찾고, 점장이 자리를 비우면 그의 몫까지 처리했다. 하지만 대리점이 되면서 내 자리로 돌아와야 했다. 사장의 자리를 만들기 위해 오지랖 부리지 않고 정해진 일만 했다. 마침 시작한 묵언이 도움 되었다. 도움을 요청받으면 "제 업무가 아닙니다."라고 딱 잘랐다. 그 한마디는 내 귀에도 차가웠다. 즐겁던 일이 한순간 멀어지고, 믿었던 사람들과도 거리가 생겼다.

그때 거리 두기가 시작되었다. 국가의 정책이 발표되자 반가웠다. 학교는 비대면으로 바뀌고, 건설업을 하던 남편도 매일 집에 머물렀다. 온 가족이 아무도 나가지 않았고, 나는 출근했다가 다시 돌아와 가족들 점심을 챙겨야 했다. 예전 같았으면 숨이 막혔을 텐데 마음은 오히려 편했다. 이유를 곱씹었다. 새벽마다 나에게 묻고, 답이 없어도 기다리던 시간이 마음에 뿌리를 내려주었다.

흔들려도 무너지지 않는 힘, 답을 몰라도 괜찮다는 여유. 새벽이 내게 준 선물이었다. 코로나라는 무질서 속에서도, 해고라는 폭풍 속에서도 나만의 질서를 만들었다. 새벽에 일어나 묵상하고 창밖을 바라보고 자연의 리듬에 나를 맞췄다. 그렇게 조금씩 단단해졌다.

그게 인생이야

해가 바뀌자 퇴사를 준비했다. 길은 여전히 보이지 않았지만 때가 된 것 같았다. 삼월 어느 아침, 창밖은 온통 안개였다. 한 치 앞도 보이지 않았다. 마음까지 뿌옇게 가려진 듯 답답했다. 커피가 생각나 편의점으로 향했다. 텀블러를 올리고 아메리카노 버튼을 눌렀다. 원두 갈리는 소리에 생각이 뒤엉켰다. 잠시 후 커피 향이 코끝에 스며들자 마음이 가라 앉았다. 혼자 일어서야 한다는 무거움 속에서도 어딘가로 나아가고 있다는 믿음이 생겼다.

회사로 향하는 길은 흰빛으로 가득 찬 터널 같았다. 안개가 앞을 가로 막았다. 그런데 자세히 보니 안개 입자는 내 움직임에 맞춰 춤을 추고 있었다. 장난치듯 몸을 스치면서. 손으로 쥐어보았지만 아무것도 잡히지 않았다. 안개는 길을 막는 것처럼 보였지만, 아니었다. 내가 가려는 방향을 어느 쪽이든 열어주고 있었다. 뒤돌아보니 지나온 길도 안개에 묻혀 보이지 않았다.

앞도 뒤도 모두 희미했지만 마음을 다잡고 한 걸음 내딛자 그만큼의 길이 열렸다. 안개가 속삭이는 듯했다. '그게 인생이야.' 앞이 보이지 않아도 그냥 나아가는 것. 그게 인생이었다. 안개가 걷히면 풍경은 더 선명해진다. 돌아보니 불안을 품고 걸어온 길이 곧 나의 방향이었다. 단단함은 흔들리지 않는 힘이 아니라 흔들리면서도 뿌리가 뽑히지 않는 마음이었다.

23

'하면 된다'는
거짓말

멈춤이 낳은 착각

퇴사 후 시간이 많아졌다. 무엇을 해야 할지 모르는 붕 뜬 마음을 붙잡아 줄 일상이 필요했다. '하면 된다'는 말을 주문처럼 되뇌었지만, 어디에서 힘을 끌어내야 할지 알 수 없었다.

그 힘을 다이어트에서 찾았다. 묵언을 시작하며 바람을 좋아하던 나는 흐름을 따라보기로 했다. 혼자 있는 시간을 일부러 만들었고, 여섯 달 만에 몸무게의 앞자리가 바뀌었다. 그저 멈추었을 뿐인데 고혈압과 고지혈증 수치까지 좋아졌다. 주변에서 요즘 뭐 하냐, 어디 아픈 건 아니냐는 물음에 나는 아무것도 안 한다고 답했다. 사실이었으니까.

몸이 가벼워지자 자신감이 자랐다. 그때부터 착각이 시작되었다. 멈추었을 뿐인데 바뀌었다는 사실이 뭐든 할 수 있다는 확신으로 둔갑했다. 다이어트는 기다림이었고 흐름을 따르는 일이었지만, 나는 그걸 내가 해낸 성취로 믿었다. 그러나 그 믿음은 오래가지 않았다. 어느 날 지인이 마사지를 받으러 오라고 했다. 마침 시간이 있었다. 몸이 가벼워졌으니 얼굴도 관리해보고 싶었다.

따뜻한 침대에 누우니 나도 모르게 잠이 들었다. 잠시 후 알람 소리에 깨어 거울을 보니 피부가 반짝였다. 밖으로 나오자 화장품이 줄지어 있었다. 테이블에 마주 앉자 자연스럽게 한 세트 이야기가 나왔다. 너무 비싸다는 답에 싸게 쓰는 방법이 있다며 함께 일하자는 제안이 이어졌다. 화장품도, 화장도 잘 몰랐다. 스킨, 로션, 비비크림 정도가 전부였다. 영업은 더더욱 알지 못했다. 그런데 체험을 하고 나니 마음이 흔들렸다. 결국 하겠다고 말했다. 하면 되니까.

낯선 상자를 바라보며 출고장을 확인했다. 수량은 맞았다. 이제 팔기만 하면 됐지만, 용기가 나지 않았다. 전화기를 들었다가 내려놓기를 반복했다. 미용에 관심 있는 지인이 생각나도 나보다 화장을 잘하는 사람에게 화장품을 권하는 일이 어딘가 어색했다. 몇몇 지인에게 소개했지만 이미 쓰는 게 있다며 거절이 돌아왔다. 한 달이 지나도록 실적은 제

로였다.

의지만으로는 안 되는 일

얼마 뒤 사고가 났다. 터널에 진입하자마자 정차된 차를 보지 못하고 액셀을 밟았다. 경고음을 듣고 급브레이크를 밟는 순간 뒤에서 '쿵' 소리가 났다. 내려보니 마음에 두었던 외제 차였다. 사고 처리를 하는 내내 그 차가 눈앞에서 떠나지 않았다. 우리 차는 트렁크가 움푹 들어갔는데, 그 차는 흠집조차 없어 보였다. 내가 늘 마음속으로 그리던 장면을 불러온 건 아닐까. 그 순간 '끌어당김의 법칙'이 정말 작동한 것처럼 느껴졌다. 그러자 하면 된다는 믿음이 고개를 들었다. 길이 아니라는 걸 마음속 어딘가에서는 알고 있었지만, 나는 돌진하는 코뿔소처럼 달렸다.

실패는 처음이 아니었다. 신혼 초에 과일 가게를 냈다가 다섯 달 만에 접었다. 과일을 좋아하지 않았고, 장사를 알지도 못했다. 남편이 수술로 누워 있을 때 친척의 권유가 있었고, 또 다른 친척은 보증금을 빌려주었다. 거절할 수 없었다. 한 시간에 한두 명 지나가는 거리를 바라보며 손님을 기다렸다. 멀쩡한 과일은 아까워 손도 못 대고, 시든 뒤에야 아이에게 먹였다. 그때 다시는 장사하지 않겠다고 다짐했다. 하지만 이번에는 다르다고 믿었다. 과일 가게는 억지로 한 일이었지만, 화장품은 내가 선택한 사업이었다. 스무 살의 나와 마흔의 나는 다르다고 생각했다. 세월이 쌓였고 공부도 했으니까.

　결과는 같았다. 좋아하지 않는 일, 알지 못하는 일인데 하면 된다고 믿었고, 그 믿음으로 대출까지 받으며 더 큰 사고를 냈다. 마음만 먹으면 잘 풀릴 거라는 믿음은 누구나 한 번쯤 빠지는 착각이다. 그 익숙한 함정 속에 나도 있었다.

　'하면 된다'는 말은 때로 자기 자신을 속이는 가장 교묘한 거짓말이 된다. 진짜 '된다'는 건 억지로 이뤄내는 일이 아니라 흐름을 알아차리고 따르는 일이다. 멈춰야 할 때 멈추고, 걸어야 할 때 걷는 것. 나는 그 단순한 이치를 놓쳤다. 다이어트는 흐름이었고, 화장품은 억지였다. 의지만으로는 안 되는 일이 있다. 마음을 먹는 일은 시작일 뿐, 의미가 없으면 아무리 애써도 그건 그냥 힘든 일일 뿐이다.

24

나는 왜
이 꿈을 선택했을까

30억이라는 숫자의 허상

한때 '백백 쓰기'가 유행했다. 같은 문장을 하루 백 번, 백 일 동안 쓰면 잠재의식에 각인된다고 했다. 나도 문장을 만들고 도전했다.

"나는 2023년 30억 부자다."

상상하면 현실이 된다고 하니 믿었다. 손목이 아파도 매일 새벽 멈추지 않았다. 그런데 30억이라는 숫자를 쓸 때마다 마음 한구석이 답답했다. 설명할 수 없는 막힘이 따라왔다.

한 달쯤 지났을 때였다. '30억 어떻게 벌지?' 문득 떠오른 질문에 잠시 멈췄다. 그러다 사업이 답이라는 생각이 들었다. 코로나로 개인위생이 중요해진 시기라서, 식당 수저통에 살균기를 달면 좋겠다는 생각이 들었다. 사람들에게 말하자 즉시 행동하라며 응원해 주었다. 하지만 어떻게 만드는지, 어디서 시작해야 하는지 몰라 실천하지 못했다.

곧 다른 질문이 이어졌다. '30억을 벌면 뭐 하지?' 생각해본 적이 없었다. 사실 한 번도 내가 큰돈을 쥘 수 있을 거라 믿지 않았다. 그 돈을 감당할 자신도 없었다. 그제야 진짜 질문이 떠올랐다. 나는 무엇을 하고 싶은 걸까. 누군가에게 건네는 말 한마디, 아침마다 마음을 다독여주는 문장. 인스타에 독서를 인증하고 생각을 나누는 일이 좋았다. 그 시간만큼은 애쓰지 않아도 자연스러웠다.

숫자를 그대로 두고 의미를 바꿨다. '2023년까지 30억 개의 지혜를 만들자.' 숨이 조금 편해졌다. 그래도 막막함은 남아 있었다. 그러다 문득 '내일의 나에게 보내는 희망의 메시지'라는 문장이 떠올랐다. 그리고 알람 앱을 구상했다.

미리 저장해둔 메시지를 읽어주는 알람. 하루를 시작하는 순간만큼은 누구도 자신을 비난하지 않으니까.
"오늘 나는 잘 해낼 거야."
"나는 존재만으로도 소중해."
그 한마디면 충분할 것 같았다. 사람들은 좋은 아이디어라며 응원을 보냈다. 그런데 몇 달이 지나고 해가 바뀌어도 앱은 나오지 않았다. 사실 앱 만드는 법을 몰랐고 자본도 없었다. 사업이 무엇인지도 모르면서 숫자부터 그렸던 셈이다.

어느 날 아들이 앱은 언제 나오냐고 물었다. 언젠가는 할 거라고 얼버무리고 난 뒤 얼굴이 화끈거렸다. 실패한 엄마로 보일까 봐. 그러다 알게 되었다. 앱은 없었지만, 나는 매일 아침 나에게 메시지를 건네고 있었다. 필사하며 떠오른 문장들이 하루의 출발점이 되었다. 부족함을 인정하고 하루를 여는 연습이 이어졌다.

상상은 씨앗이다

길은 이미 그 자리에 있었다. 『도덕경』을 필사하며 나눈 생각들. 함께 웃고 위로하던 순간들. 내가 원했던 건 돈이 아니라 사람이었다. 화장품을 팔 때는 말 한마디가 어려웠지만 필사는 달랐다. 시선과 생각을 나누는 일은 억지 없이 흘러갔다.

처음 『도덕경』을 만났을 때 위로가 되었다. 마음을 어루만지는 글 같았다. 편안함을 나누고 싶다는 마음으로 시작한 필사 챌린지는 단순했다. 매일 한 구절을 따라 쓰며 시야를 나누는 일, 그것뿐이었다.

보이지 않는 것을 바라보는 내 시선을 좋아해 주는 이들이 있었다.

"조급한 마음이 가라앉았어요."

손바닥을 코에 바짝 대면 숨이 막히듯 시야도 그렇다. 잠시 멈춰서 바라보기만 해도 보이는 게 달라진다. 나는 답답한 사람들에게 한 호흡을 건넸다. 사람들이 모였고 변화가 자랐다. 어려운 문장을 삶의 언어로 풀어내자 이해된다는 목소리가 늘어났다. 우리가 나누는 모든 이야기가 지혜였다. 그제야 30억이라는 숫자가 나를 여기까지 데려왔다는 것을 알았다.

상상은 씨앗이었다. 먼저 뿌리가 내려야 하고, 그다음 행동이라는 줄기가 자란다. 그러면 상상이었던 열매가 현실이 된다. 백 일 동안 써 내려간 문장은 다른 길로 새지 않게 나를 붙잡아주었고, 진짜 원하는 방향으로 이끌었다. 30억 개 지혜를 향한 걸음은 이어지고 있다. 그 길 위에서, 나는 이미 내가 되고 싶은 사람이 되어가고 있다.

25

길을 잃어도
다시 그릴 수 있다

#방향설절

잘못 진입한 순간

내비게이션은 우리를 목적지까지 데려가 준다. 막히면 돌아가고, 위험하면 피해간다. 덕분에 길을 몰라도 여행을 즐길 수 있다. 하지만 목적지를 모를 때는 출발이 어렵다. 시동은 켰는데 어디로도 가지 못한다. 마음도 그럴 때가 있다. 어디로 가야 할지 모를 때 몸은 움직이지 않는다.

방향을 찾기 위해, 일을 확장하기 위해 여러 분야의 전문가를 찾아다녔다. 브랜딩 전략, 마케팅 방법, 수익 모델 등을 컨설팅받았다. 그럴듯한 말들이 쏟아졌다. 교육을 받는 동안 미래가 환해지리라 기대했지만, 그들이 보여준 길은 대부분 정해진 틀이었다. 나의 결을 묻고 함께 바라보고 기다리는 곳은 없었다.

"경로를 다시 탐색합니다."

잘못 진입한 길에서 내비게이션은 아무 감정 없이 새로운 길을 안내한다. 그러나 마음은 다르다. 돌아가면 늦을 것 같고, 멈추면 잊힐 것 같아 조급해진다. 돌아올 때마다 시간과 비용을 낭비했다며 실망했고, 자책했다. 그럼에도 내 길은 분명히 있을 거라는 믿음만은 놓지 않았다. 인생은 내비게이션보다 훨씬 복잡하다. 내비게이션은 외부의 도로를 안내하지만, 마음은 내면의 길을 그린다. 불안한 날엔 빠른 길도 멀게 느껴지고, 평온한 날엔 돌아가는 길도 풍경이 된다. 같은 길을 지나도 마음에 따라 세상은 전혀 다르게 보인다.

김해에서 돌아오던 날이었다. 아트살롱을 마치고 돌아오는 길에 필사 챌린지가 고민됐다. 어스름한 저녁, 내비게이션이 평소와 다른 길을 안내했다. 두 갈래의 진입로에서 방향을 잘못 들었다. 부산까지 가서 돌아오라는 유턴 표시가 떴다. 잠시 당황했지만 그대로 달렸다. 도로 한가운데에서 멈출 수는 없으니까. 삶도 그랬다. 길이 아닌 걸 알면서도 직진해야 했던 시간들이 있었다. 진입할 때는 신중했지만, 가다 보면 실수는 생긴다. 바로 돌아올 수 있을 때도 있고, 그날처럼 반대 방향인 걸 알면서도 끝까지 가야 했던 순간도 있었다. 돌아가는 길이 모두 틀린 것은 아니라는 걸 알기에 마음을 놓았다.

자유롭게 생각을 펼치고 나누는 시간이 즐거웠다. 내 생각이 누군가에게 작은 답이 되는 순간 '나'라는 사람의 쓸모가 느껴졌다. "도가도 비상도(道可道 非常道)." 정해진 길은 없다는 노자의 말 덕분에 틀려도 괜찮고, 느려도 괜찮다는 시선을 건넬 수 있었다. 그렇게 사람들과 함께 걷는 길이 만들어졌다.

그러다 의심이 생겼다. 이게 맞는 길일까. 내 해석을 답처럼 말하고 있는 건 아닐까. 노자의 말은 답을 주는 책이 아니라 질문을 던지는 책인데 나는 어느새 답을 제시하고 있는 것 같았다. 사람들이 내 시선에 기대고, 갇히고 있는 건 아닐지 마음이 무거워졌다. 시선의 부족함이 보였다. 멈춰야 할 순간이었다. 평생 함께하자던 다짐을 멈추는 일은 쉽지 않았다. 약속을 지키지 못한 사람이 되고 싶지 않았지만, 나의 방향이 모두에게 옳을 수는 없다. 함께 걷던 길이 누군가에겐 돌부리였을지도 모른다.

그즈음 한 집 마당의 감나무가 눈에 들어왔다. 한여름의 태양 아래 작은 감들이 대롱거리고 있었다. 무더위를 견디며 자라는 모습이 유난히 단단해 보였다. 여름은 자라는 계절이지만, 그 자람은 움직임이 아니라 견디는 것으로 이루어진다. 봄은 싹이 트고, 가을은 익는다. 여름은 그 사이에서 버티는 시간이다. 그제야 알았다. 모든 일에는 계절이 있다는 걸. 아트살롱은 견디며 여전히 여름을 지나고 있었지만, 필사 챌린지는 이미 가을을 지나 겨울로 들어서고 있었다. 수확의 기쁨을 누린 뒤에는 쉬어야 했는데, 나는 계속 키워야 한다고 착각했다. 더 나누는 것이 옳다고만 믿었다.

경로를 다시 탐색한다고 말할 때 내비게이션은 화내지 않는다. 그저 새로운 길을 안내할 뿐이다. 나도 그렇게 하기로 했다. 함께 걷던 길을 잠시 멈추고, 방향을 다시 그리기로 했다. 멈춤은 포기가 아니다. 길을 잃는다는 건 다시 방향을 세울 수 있다는 뜻이다. 돌아가는 중일지라도, 그 길은 결국 나를 단단하게 만들 것이다. 폭우도, 유턴도 모두 내 길이다.

길은 바깥이 아니라 마음이 만든다. 마음을 믿고 걷는 길, 그것이 나만의 도(道)다.

26

스스로 그러해도
괜찮다는 믿음

#자연

자연스러움의 착각

'자연스럽게'라는 말이 좋았다. 유별나지 않고, 눈에 띄지 않게, 적당히 섞여 사는 것. 한때 그것을 자연스러움이라 믿었다.

운동회 연습을 할 때마다 선생님들은 자연스럽게 하라고 말했고, 우리는 자연스러워 보이기 위해 애썼다. 앞 친구, 옆 친구와 똑같이 움직였다. 조금이라도 틀리면 교단 앞으로 불려 나갔다. 태양이 머리 꼭대기에서 내리쬐었다. 목이 마르고 몸은 말을 듣지 않았다. 열심히 따라 하던 중 선생님은 똑바로 하라며 소리를 질렀다. 그러다 "너 나와!"라는 외마디가 날카롭게 튀어나왔다. 나를 가리키는 손가락을 보며 심장이 쿵 내려앉았다.

친구들의 시선이 느껴졌다. 교단 앞으로 걸어가는 동안 귓가가 뜨거웠다. "너 때문에 친구들이 다시 하잖아." 선생님은 마이크를 들고 소리치셨다. 몸이 마음처럼 따라주지 않았을 뿐인데, 선생님은 하기 싫다는 의미로 보셨다. 고개를 푹 숙인 채 아무 말 못 하고 선생님의 훈육이 끝나길 기다렸다. 자리로 돌아오는 도중에 등짝이 따가웠다. 또 다른 선생님은 똑바로 하라며 등을 때렸다. 그날 이후 운동회는 두려운 단어가 되었다. 몸으로 하는 모든 시간이 불안했다.

어른이 되어서도 남과 같아지려 애썼다. 남들처럼 좋은 집, 좋은 직업을 바라보며 내 현실을 부끄러워했다. 남의 손에 든 사과는 언제나 더 맛있어 보이듯이, 타인을 볼 땐 가진 것만 보이고 나를 볼 땐 부족한 것만 보였다. 비교는 습관이 되었고, 나를 보는 눈은 늘 부족함 쪽으로 기울어 있었다.

스물여섯에 첫아이를 낳았다. 친구가 아이를 보고 싶다며 집에 놀러 왔다. 젖먹이 엄마의 늘어진 티셔츠를 입고 친구를 맞이했다. 원피스를 입고 한껏 멋을 부린 친구는 딸을 보고 환하게 웃으며 반지하에 들어왔다. 대충 구겨 신은 운동화 옆에 검은색 부츠가 나란히 놓였다. 광 나는 친구의 신발을 보며 시간을 되돌릴 수는 없으니 빨리 흘러주길 바랐다. 그때부터 마흔이 되기만을 기다렸다.

그러나 나이가 들어도 마찬가지였다. 안정될 줄 알았던 현실은 끊임없이 경쟁해야 했다. 하지만 경쟁은 자유가 아니다. 겉으론 평범한 삶처럼 보였지만 그건 보여주기 위해 만들어낸 질서였다. 운동회 율동처럼 똑같이 움직이며 나를 잃는 일이었다.

스스로 불태우며 자라다

'자연(自然)'은 스스로 그러함이다. 똑같음이 아니다. 바람에 흩날리는 민들레 씨앗은 제각각 다른 방향으로 날아갔다. 씨앗은 자유롭게 바람을 타고 날아간다. 목적지가 있는지는 모르지만 정해진 규칙은 없다. 나무도 그렇다. 바람은 한 방향으로 불지만 가지 끝에 매달린 나뭇잎들은 제멋대로 춤을 춘다. 규칙 없는 민들레 씨앗과 나뭇잎을 보며 누구도 이상하게 생각하지 않는다.

自然을 검색했다. '然' 불탈 연/그럴 연. '불타다'라는 뜻도 있었다. 그러고 보니 자연은 스스로 그러하고, 스스로를 태운다. 억누르지 않으면서도 불태우며 자란다. 태풍과 폭우는 자연의 불태움이다. 우리 눈에는 재해로 보일지 몰라도, 자연에는 반드시 필요한 시간이다. 나도 자연스러워지기 위해 무언가를 태워야 할 때가 왔다.

필사 챌린지를 하면서 즐겁게 쓰던 생각들이 어느새 주장처럼 느껴졌고, 함께하는 분들도 처음엔 즐거워했지만 이제는 지쳐 보였다. 반복되는 필사가 부담스러울지도 모른다. 그래도 계속 이어지는 건 나를 응원해주는 마음이었다. 그분들이 있었기에 그동안 뿌리내릴 수 있었다.

옮겨 심은 나무를 지지대로 받쳐주듯, 따뜻하고 단단한 마음이었다. 새로운 터전에서 자리를 잡을 수 있도록 받쳐주는 지지대. 이제는 그 지지대를 풀어드릴 때였다. 홀로 설 시간이 되었다. 결정을 하기까지 고민이 많았지만, 계속하는 게 고집일 수도 있었다. 단톡방에 다음 챌린지를 무료로 진행한 뒤 마무리하겠다고 안내했다. 길고 긴 고민이 마침표를 찍었다. 글을 올리는 순간, 가슴 한가운데서 무언가 후우 하고 꺼졌다. 허전할 줄 알았는데 오히려 타오르던 불이 제자리를 찾아가는 느낌이었다.

불태움은 겉으로 보이지 않았다. 대신 조용히 땅속을 파고들며 내면을 단단히 하는 시간이 된다. 장애물을 만나 멈추고 다시 방향을 찾는 과정, 그 모든 시간이 자연스러움이다. 스스로 그러하다는 건 때로는 불타오를 줄도 아는 일이다. 불태움이 있어야 나답게 피어난다. 그렇게 조금씩 나답게 서는 법을 배워가고 있다.

불태운 자리에 남은 따뜻함은 나를 위로했고, 온기가 다른 사람에게 번지기 시작했다. 이제는 나 하나의 이야기가 아니라, 우리가 함께 만들

    마흔을 위한 이기적인 용기

어가는 시간을 준비한다.

27

새벽을 여는
낭독과 필사

#리듬

묵언 덕분에 성대결절은 많이 가라앉았다. 하지만 마음이 불쑥 올라올 때면 목이 갈라져 쉰 소리가 났고, 큰 소리를 내뱉은 뒤에는 늘 후회가 남았다. 결국 목이 아파야 조심할 수 있었다. 그렇게 멈춤을 몸으로 배웠다.

목소리를 내고 싶었다. 하지만 말은 여전히 어려웠다. 어려서부터 뭐라고 하는 건지 모르겠다는 말을 자주 들었다. 차분하게 말하라는 말을 들으면 나도 모르게 심장이 먼저 떨렸고 말은 더 엉켰다. 자신 없는 모습을 들키기 싫어 조심스러웠고 그런 태도는 누군가에게 경계로 보였을지도 모른다. 누가 무엇을 물어도 "네."로만 답했다. 그런 내 모습이 불편했다. 또렷한 발음으로 부드럽게 말하고 싶었다.

매일 새벽 5분만 읽어보라는 권유로 성경 낭독을 시작했다. 쉽지 않았지만 함께하는 사람들이 있었기에 도전하기로 마음먹었다. 눈을 뜨자마자 손바닥만 한 성경책을 폈다. 단 5분 읽기가 이렇게 힘들 줄 몰랐다. 눈은 가물거리고 집중은 자꾸 흩어졌다. 낭독은 아이들에게 동화책 읽어준 이후 처음이었다. 하품이 연신 쏟아졌고, 호흡도 눈으로 읽을 때와 전혀 달랐다. 어디를 읽었는지 몰라 되돌아가기를 반복했다.

목소리는 묘한 힘을 지닌다. 아무리 잘생긴 사람도 목소리가 약하면 인상이 흐려지고, 멀게 느껴지던 사람도 목소리가 좋으면 마음이 열린다. 첫 직장 상사의 묵직한 인사말이 아직도 기억난다. 차분하고 단단한 음성. 그 안에서 품격을 느꼈다. 그런 목소리를 갖고 싶었다.

고요한 방에 울린 내 목소리는 떨리고 더듬거렸으며, 얇고 가늘었다. 그동안의 소리가 지나치게 가볍게 느껴졌다. 복식호흡을 연습했다. 손을 배에 올리고 숨을 들이마신 뒤 내뱉는 연습을 수없이 반복했다. 들이마실 때는 배가 부풀었지만, 내쉴 때는 좀처럼 반응하지 않았다. 그러다 힘을 줘야 하는 부분이 윗배가 아니라 아랫배라는 걸 알게 되었다.

어둠이 머무는 새벽, 조용한 방에 앉아 성경을 폈다. 차분한 마음으로 천천히 소리를 내면 낯선 문장이 공기를 가르며 방안을 채웠다. 이해는 쉽지 않았다. 누가 누구를 낳고가 반복되고, 법과 금지의 문장들이 이어졌다. 그런데 그래서 좋았다. 의미를 이해하려 하지 않고 오직 소리에만 집중할 수 있었다. 한 번을 완독하고 나서야 분주하던 눈이 안정되면서 비로소 소리의 무게가 느껴지기 시작했다.

나를 만나는 시간

성경을 덮은 뒤엔 『도덕경』을 폈다. 어려운 한자를 그리듯 써 내려갔다. 손끝에 힘을 주면서 글자 하나하나에 마음을 실었다. 원문을 쓰고 해석을 필사하는 동안 어제의 실수가 보였고, 오늘은 한발 물러설 수 있을 것 같았다. 과거의 나와 지금의 내가 마주 앉는 시간이었다. 몸은 손끝을 따라가고, 마음은 의미를 따라갔다.

낭독과 필사가 쌓이면서 고정되었던 시선이 조금씩 움직였다. 이해되지 않는 상황들을 차분하게 바라보는 시선이 생겼다. 81장의 시를 수없이 반복해 썼고, 성경은 한 바퀴를 돌아 두 번째 마침표를 향하고 있다.

그렇게 하루가 쌓이고 쌓여 4년이 흘렀다. 시작할 때는 이렇게 오래 이어질 줄 몰랐다. 그저 그날만 바라보며 부담 없이 쌓아온 기록의 결과다. 이제는 말을 많이 하거나 목소리를 높여도 성대에 무리가 없다. 급하게 쏟아지던 말은 낭독 덕분에 차분해졌고, 발음도 한결 부드러워졌다. 단 5분, 작은 시간이 만든 변화였다. 어둠이 가시지 않는 새벽은 가장 좋아하는 시간이다. 누구도 없는 고요한 방에서 내 목소리를 듣고 마음을 만난다. 함께 낭독하고 필사하는 이들도 생겼다. 처음엔 여럿이었고, 때로는 혼자였으며 지금은 마음 맞는 몇이 서로의 새벽을 나눈다.

우리에겐 한 가지 규칙이 있다. 녹음을 듣지 않는다는 것. 자기 목소리조차 다시 듣지 않는다. 녹음을 들으면 마음이 금세 평가로 흐르기에, 그 누구도 평가받지 않기 위해 만든 약속이다. 새벽마다 각자의 호흡으로 자신을 낭독한다. 모두 성경을 읽지만, 믿음의 방향은 다르다. 갇히지 않는 시선, 그것이 우리의 자연이다.

매일 새벽, 우리는 고요 속에서 자신을 만난다.

28

걱정과
고민의 차이

어느 날, 누군가 걱정은 없냐고 물었다. 긍정적으로만 보려는 내가 이해되지 않았던 듯했다. 나는 없다고 대답하며 대신 고민은 있다고 말했다. 그때는 그 말이 멋있다고 생각했지만, 솔직히 걱정이 없어서가 아니라 걱정하고 싶지 않아서였다. 보이지 않는 미래를 향해 걷는 길에 걱정이 없을 리 없었다. 그저 걱정하지 않겠다는 말로 불안을 눌러두고 있었을 뿐이다.

챌린지를 멈춘 뒤 매일 아침 올리던 글이 사라지자 하루가 텅 비는 것 같았고, 앞으로 무엇을 해야 할지 막막했다. '취직을 해야 하나?', '돈이 없으면 아트살롱도 멈춰야 하나?' 걱정은 끝없이 꼬리를 물었다. 나는 돈을 보고 일을 시작하지 않았다. 마음의 신호를 듣고 움직였다. 새벽이

나 샤워할 때처럼 마음이 맑아지는 순간 떠오르는 생각을 놓치지 않으려 집중했다. 필사 챌린지도, 아트살롱도 그렇게 시작했다.

예술을 모르던 내가 책과 음악, 미술을 만나면서 느낀 감동을 나누고 싶었다. 함께 글을 쓰며 시선을 나누고 싶었다. 하지만 프로그램을 마치자 수입이 끊겼고, 곧 돈 걱정이 따라왔다. 지방을 다니고 간식을 준비하려면 생각보다 많은 비용이 들었다. 돈을 의식하는 순간 일이 즐겁지 않았다. 이 마음으로는 기분 좋은 에너지를 나눌 자신이 없었다.

그때 힘든 고비를 넘기던 때가 떠올랐다. 큰아이가 세 살 무렵이었다. 간식을 사주고 싶어 집 안을 뒤졌지만 나오는 돈은 고작 몇백 원뿐이었다. 미안하다며 고개를 숙이자, 딸은 춤을 추며 "엄마 괜찮아! 나는 이렇게 춤출 수 있는 집이 있어서 좋아."라고 해주었다. 반지하 거실 한가운데서 두 팔을 벌리고 빙글빙글 돌던 아이의 모습이 그때의 나를 일으켜 세웠다.

돈은 있다가도 없고, 없다가도 생긴다. 지금 없다는 건 불운이 아니라, 다른 길을 보라는 신호일지도 모른다. 자전거 타고 언덕을 오르던 날도 그랬다. 호흡에 집중하며 앞만 바라보며 오르다가 고개를 들어 정상을 보는 순간 다리에 힘이 풀렸다. 잠깐 고개를 들었을 뿐인데 중심이 흔들렸다. 그때 알았다. 고비를 넘길 때 필요한 건 멀리가 아니라 한발 앞을 보는 일이라는 걸. 바로 지금에 머무는 것이다.

지금에 머무는 힘

걱정은 미래를 본다. '잘할 수 있을까?', '실패하면 어떡하지?' 아직 오지 않은 시간 속에서 불안은 자란다. 반대로 고민은 현재를 본다. '지금 무엇을 할 수 있을까?', '오늘 누구를 만날까?' 답은 늘 지금 이 자리에서 발견된다.

다음 날 새벽, 눈을 감고 아트살롱은 내 삶에 어떤 의미인지 물었다. 예술이 없던 지난 시간들이 떠올랐다. 남는 시간을 소비로만 채우던 시절, 마음은 늘 무언가를 갈구했지만 방향을 알지 못했다. 그러다 책을 읽고, 음악을 듣고, 그림을 만나며 삶의 깊이가 달라졌다. 이 흐름을 멈추고 싶지 않았다. 그렇다고 앞이 보이는 것도 아니었다. 그래서 무력감을 받아들이며 잠시 쉬어가기로 했다.

며칠 뒤 새벽, 필사를 하다 문득 한 사람이 떠올랐다. 연락해야겠다는 마음이 들어 문자를 보냈고, 우린 만났다. 그동안의 이야기를 나눈 뒤, 시스템을 배워보라고 제안을 받았다. 말은 시스템이었지만 결국 영업이었다. 내가 가장 못한다고 생각했던 일이었는데 이상하게 마음이 달라졌다.

　곰곰이 생각해보니 나는 이미 영업을 하고 있었다. 아트살롱을 하며 공간을 찾고, 사람을 초대하고, 함께 감동을 나누는 일 역시 누군가를 향해 마음을 건네는 일이었다. 다만 목적이 돈이 아니라 기쁨이라는 점이 달랐다. 어떤 일을 시작하든 목적만 흔들리지 않으면 된다는 생각이 들었다. 시스템을 배우기로 마음먹자 움직일 수 있는 여지가 생겼다. 생각의 방향이 바뀌자 길도 함께 열렸다.

　어떻게 마음을 먹느냐에 따라 의무가 되기도 하고, 즐거움이 되기도 한다. 아트살롱을 이어올 수 있었던 이유는 목적이 돈이 아니라 사람이었기 때문이다. 앞으로 시작하는 일들도 다르지 않을 것이다. 목적이 사람이라면, 그 길 역시 같은 뿌리에서 자랄 것이다.

　미래를 바꾸는 것은 언제나 지금이다. 그래서 나는 걱정보다는 고민을, 두려움보다 방향을 선택하며 오늘을 산다.

나만의 리듬 찾기

"단단함은 흔들리지 않는 힘이 아니라 흔들려도 뿌리가 뽑히지 않는 마음이었다."

4부에서 우리는 나답게 사는 법을 살펴보았습니다. 이제, 당신에게 맞는 리듬을 하나씩 발견해보세요.

1. 요즘 나를 가장 빠르게 회복시켜주는 것은 무엇인가요?

(예: 새벽의 고요, 창밖의 하늘, 따뜻한 커피 한잔)

---

2. 요즘 억지로 밀어붙이고 있다고 느껴지는 일은 무엇인가요?

(예: 남들처럼 해야 할 것 같아 붙잡고 있는 일, 마음 없는 일)

---

3. 아무 노력 없이도 자연스럽게 이어지는 나의 방식은 무엇인가요?

(예: 혼자 생각하는 시간, 낙서하기, 천천히 걷기)

---

4. 내가 일을 할 때, 진짜 중요하게 지키고 싶은 것은 무엇인가요?

(예: 사람들과 지혜를 나누는 것, 감동을 전하는 것, 의미를 느끼는 것)

____

____

5. 오늘, 지금 이 순간 나의 리듬을 지키기 위해 할 수 있는 한 가지는 무엇인가요?

(예: 5분 낭독하기, 감사한 것 세 가지 적기, 가볍게 산책하기)

____

____

자신에게 맞는 리듬은, 이미 당신 안에 있습니다.

찾으려 애쓰기보다 느껴지는 쪽을 믿어도 괜찮습니다.

5부

부족함으로

살아가는

법

결핍은 숨겨야 할 홈이 아니라 연결의 시자이었다.
부족함은 사람을 부르고, 마음을 열게 했다.
그 마음들이 모여 이야기가 오가는 자리가 되었다.

29

결핍,
하고자 하는 마음

오랫동안 부족한 나를 숨기며 살았다. 남보다 늦으면 안 될 것 같았고 가진 게 적으면 불안했다. 하지만 그럴수록 채워지지 않은 무언가가 늘어났다. 결핍은 부끄러운 단어였다. 그런데 멈춰서 보니, 바로 그 결핍이 나를 다시 움직이게 했다. 부족하다고 느끼는 순간 오히려 무언가 하고 싶어졌다. 결핍은 '하고자 하는 마음'의 시작이었다.

사기계발을 처음 시작했을 때 비전과 미션을 세우라는 말을 들었다. 미래를 그리고, 목표를 정해 실천하라고 했다. 나는 '하면 된다'는 말을 믿으며 백백 쓰기를 했다. 하루도 빠짐없이 의지를 다졌지만, 방향은 좀처럼 보이지 않았다. 그때 '핵심가치'라는 단어를 만났다.

수많은 단어 중에서 공감, 공헌, 신뢰를 골랐다. 처음에는 그 단어들이 나를 세워줄 거라 믿었다. 하지만 시간이 지나며 알게 되었다. 핵심가치는 세우는 것이 아니라는 걸. 비전이 열매라면 미션은 줄기이고, 핵심가치는 보이지 않는 뿌리였다. 그리고 그 뿌리는 씨앗에서 시작된다. 핵(核)은 씨앗이라는 뜻이다.

씨앗은 물을 만나야 자란다

모든 씨앗은 결핍을 안고 태어난다. 물 한 방울을 만나고 싶은 간절함이 씨앗을 단단히 붙잡아둔다. 기다림의 시간이 지나야 씨앗은 깨어나고, 물을 만난 순간 스스로를 썩히며 싹을 틔운다. 껍질이 사라지는 찰나에 새로운 생명이 시작된다.

우리의 결핍도 그렇다. 고민과 멈춤의 시간 속에서 마음의 껍질이 서서히 벗겨지고, 그제야 안에 있던 '진짜 나'가 자라기 시작한다. 핵심가치로 골랐던 공감은 아직 싹도 트지 않은 씨앗이었다. 그래서 내 안의 공감이 어디서 멈췄는지 돌아보게 되었다.

어릴 적 내 옷은 서랍 한 칸이면 충분했다. 계절마다 티셔츠 두 장, 바지 두 벌이 전부였다. 새 옷을 사달라 하면 엄마의 대답은 늘 "돈 없어!"였다. 손빨래하던 시절, 궂은 날 청바지는 며칠씩 마르지 않았다. 자율